岩　波　現　代　文　庫

増補
教育再生の条件
経済学的考察

神野直彦
Naohiko Jinno

社会 346

岩波書店

目次

第一章　歴史の「峠」における教育危機

1　学校教育の危機と教育危機

古代ギリシャの都市テーベの市民が、次々に死を招く未知の病に脅えたように、日本国民は「教育危機」という病に恐怖している。しかし、この日本国民が脅えている「教育危機」は、学校の危機や学校教育の危機を越えた根源的なものであるといってよい。

経済学者である正村公宏教授(専修大学)は、「小学校と中学校の教育のもっとも重要な目的は、学科試験によって子どもを選別することではなく、社会のなかで生きていく能力を身につけさせること、むしろ、みずから社会を構成する主体となる力を身につけさせることである」と主張している(1)。ここで正村教授は「社会のなかで生きていく能力を身につけさせること、むしろ、みずから社会を構成する主体となる力を身につけさせること」を、小学校と中学校という学校教育の目的として説明されている。しかし、それは学校教育の目的というよりも、広く社会が責任を担う「教育」の目的にも妥当するように思われる。

佐藤学教授(東京大学)が指摘するように、学級崩壊、いじめ、校内暴力、不登校などといった学校教育の危機は、日本の進学率が頂点に達した一九八〇年頃から喧しく叫ばれてきた。(2) もちろん、学校教育の危機も、「教育危機」を構成する重要な要素であることは間違いない。

しかし、日本国民が恐怖している「教育危機」の本質は、「社会のなかで生きていく能力を身につけさせること」に失敗している危機、つまり社会の構成員を育成することに、日本社会が社会として失敗している危機だということができる。

このように学校教育の危機は、日本社会が社会として社会の構成員を育成することに失敗しているという「教育危機」全体の一部を成すにすぎないとすれば、学校教育の危機にのみ焦点を絞った危機克服のシナリオを描くのは危険である。ジグソー・パズルの一つの小片のみを見ていても、全体の図柄は見えてこない。部分の理解は、様々な部分の理解を重ね合わせながら得ることのできる全体の理解と常に突き合わせる努力を怠ることなく進めなければならないのである。

2 教育危機と社会危機

もっとも、教育危機も社会全般の危機の一部にすぎないということができる。二〇〇四年(平成一六年)六月に行われた内閣府による「安全・安心に関する特別世論調査」をみると、日本国民は教育危機が社会全般の危機と深く結びついていると認識していることがわかる。

この調査によれば、日本国民は既に日本が安全安心な社会だとは考えていない。しかも、その理由の第一位には、六五・八％の人びとが、少年非行、ひきこもり、自殺などの社会問題を挙げている。つまり、日本国民は日本社会が全般的危機に陥っていると認識し、それが少年非行やひきこもりなどの教育危機に根差していると考えているのである。

最近の統一地方選挙の争点に関する新聞各社の世論調査によれば、大都市では地方とは対照的に、教育問題こそが争点だととらえる意見の割合が高いことがわかる。乱立といえるほど学習塾が存在し、数多くの私立学校が立ち並ぶ都会は、学校教育の機会が充実しているにもかかわらず、逆説的ながら、そこでこそ教育危機がきわめて深刻な社会問題として認識されているのである。それは教育問題が学力に象徴される学校教育のみならず、都市における教育機能全体として社会の構成員を育てることに失敗していると理解されているからであろう。

社会の構成員の育成に失敗している社会とは、危機に陥っている社会である。人間は「死」という破局を受け入れざるをえない。「死」という破局によって社会の構成員が社会から離脱したとしても、新たな「生」にもとづいて社会の構成員を育成していくことができれば、社会は破局を迎えない。しかし、社会の構成員の育成に失敗すれば、社会は破局を迎えて危機に陥る。

というよりも、社会の構成員を育成していく活動こそ、社会そのものの活動だといってもよい。人間が「死」の瞬間まで人間として成長していくことを認めれば、すべての社会の構成員を人間的に高めていく活動こそ、社会そのものの活動であり、社会の進化といえるからである。

そうだとすれば、社会の構成員の育成に失敗しているという意味での教育の危機は、社会の全般的危機そのものであると考えられる。つまり、経済が混迷し、政治が機能不全に陥り、人間の生活が営まれる狭い意味での社会にも亀裂が生じて、社会全般の危機が強まっているからこそ、社会の構成員を育成する教育の危機が表面化しているということである。

教育危機は社会の全般的危機の結果であると同時に、社会の全般的危機に帰結する根源的要因でもある。そうだとすれば、この教育危機は学校教育の改革だけでは克服できない。しかも、それは学校教育ばかりでなく、家庭教育も企業教育も社会教育も重要であるという意味にとどまらない。教育危機を社会の全般的危機と結びつけて理解すれば、学校教育、家庭教育、企業教育、さらには社会教育という教育の「場」における改革だけでは、教育危機の解決に結びつかないからである。

3　教育危機と教育改革

漢語(中国語)の危機(ウェイ・チー)の「危(ウェイ)」とは「危ういこと」を意味する。危機の「機(チー)」とは「変化する可能性」を意味する。つまり、危機とは「危うく変化する可能性」を意味している。危うく変化する可能性には、二つの方向性がある。破局か肯定的解決かである。(3)

危機を意味するクライシス(crisis)とは岐れ路を意味する。重病に喘ぐ患者に、医者が「今晩が峠です」という時の、病の峠がクライシスである。つまり、危機とは回復か破局かの岐れ路なのである。

教育危機とは教育が再生するか、破局に陥るかの岐れ路に差し掛かっていることを意味する。この岐れ路で目指すべき目的地を示し、肯定的解決へのヴィジョンを描いて危機を克服することが、「改革」のはずである。

一九八〇年代から日本では「教育改革の時代」と名付けてよいほどに、教育改革が政治の舞台で主役を演じ続けている。その契機は一九八四年の中曾根政権による臨時教育審議会にあったといってよい。しかし、教育改革、教育改革と連呼しながら、奔走したにもかかわらず、教育危機は深刻化するばかりである。

一九八〇年代頃から、校内暴力を象徴として表出した教育危機は、激化する受験競争などの教育の歪みが生み出したものと理解され、教育改革が繰り返し叫ばれたのだった。

しかし、校内暴力に始まる教育の病理現象は、不登校、いじめ、少年非行へと広がっていく。このように燎原の火の如くに、教育の病理現象が焼け広がっているにもかかわらず、日本の学校教育は学力では、その成果を誇っていた。ところが、学力を誇示した日本の教育も、一九九〇年代後半から学力低下の批判に晒されることになる。しかし、その後も教育改革が連呼されながら、教育の病理も学力低下も深刻化し、さらには教育格差問題まで加わっていく。

改革(reformation)とは「本来の姿に戻すこと」である。大文字で the Reformation といえば、それは「宗教改革」を意味する。この宗教改革も神の秩序を教会に再び導入することを意味していたのである。

教育改革が現状を悪化させるばかりなのは、教育を本来の姿に戻すことに失敗しているからである。それは教育危機が単なる学校教育の危機と理解されているからだといい直してもよい。

教育が改革を必要としている危機的状況は、文部科学省が二〇〇一年に作成した「二一世紀教育新生プラン」によると、「いじめ、不登校、校内暴力、学級崩壊、凶悪な青少年犯罪の続発」のような教育の病理現象であると把握されている。こうした教育の病理現象の原因は、「個人の尊重」を強調し、「公」を軽視する傾向や、「行き過ぎた平等主義による(……)子どもの個性・能力に応じた教育」の軽視にあると結論づけられている。つまり、教育危機は学校教育が生み出す教育の病理現象と捉えられていたのである。しかし、敢えて繰り返すと、学校教育の危機は教育危機の一部でしかない。教育危機とは社会が社会の構成員を育てることに失敗している危機である。というよりも、社会の構成員が育つ社会が形成されていないという社会の全般的危機である。

教育危機とは社会全般の危機であり、社会の根源的危機である。そうした教育危機の原点を見失い、ジグソー・パズルの小片にすぎない学校教育だけの教育改革に血道をあげても、教育危機は深まりゆくばかりなのである。

4　危機としての歴史の「峠」

一九八〇年代から社会的危機としての教育危機が生じたのは、一つの時代が終わりを告げ、一つの時代が始まる歴史の「峠」に差し掛かったからである。人間の歴史ではピリオド(period)とエポック(epoch)が繰り返される。

エポックつまり画期とは、一定の社会の枠組みがレールとして敷かれているピリオドつまり時代が終わり、一つの時代が始まる歴史の「峠」ともいうべき転換期である。「峠」を越えると、それまでとはまったく相違する風景が出現してくるように、歴史の「峠」を越えると、まったく新しい時代が眼前に登場してくる。

しかし、「今晩がこの病の峠」と表現される時に、「峠」が危機を意味するように、歴史の「峠」も必ず危機の時代となる。そのため歴史の「峠」を越えると、人間がより人間的に生きることのできる、新しい時代が生まれ出ずるとは限らない。危機の結論は肯定的解決か、破局だからである。

終幕のベルが鳴ろうとしている時代は、重化学工業を基盤とした福祉国家の時代だということができる。第二次大戦後に先進諸国は挙って、福祉国家という「共通の道程(commonpath)」を目指していた。ところが、一九七〇年代から福祉国家が行き詰まりを見せ始める。

福祉国家とは多軸的に関連する重化学工業を支えるため、大量生産を可能にする前提条件として、全国的規模での社会的インフラストラクチュアを整備するとともに、現金給付による賃金喪失保障や最低生活保障を実現する所得再分配国家だったということができる。つまり、市場の外側で市場経済での敗者や弱者に現金を給付して、国民の生活を保障する所得再分配国家だったのである。

政府が市場経済での敗者や弱者の生活保障のために、市場経済の外側で現金を給付しようとすれば、市場経済での勝者や強者に課税する必要がある。そこで福祉国家のもとでは、高額所得や高額所得を形成する資本所得に重く課税する所得税や法人税を基幹税とする租税制度が形成されていたのである。

こうした財政による所得再分配を可能にするためには、生産要素のうち資本の移動を制御する権限が国家に付与されていなければならない。というのも、土地や労働という本源的生産要素は、国境を越えて自由に移動しないのに対して、資本は国境を越えて自由にフライト(逃避)するからである。つまり、高額所得を形成する資本所得に、重く課税しようとすると海外へとフライトしてしまう。そのため第二次大戦後には、ブレトンウッズ体制が形成され、租税負担や政治的要因で資本が移動することを制限する権限が、国民国家に付与されていたのである。

しかし、一九七〇年代から福祉国家は行き詰まり始める。一九七〇年代の重化学工業を基軸とする産業構造から、知識産業や情報産業さらにはサービス産業を基軸とする産業構造へと大きく転換し始めるとともに、福祉国家の所得再分配を実現するための前提条件であるブレトンウッズ体制が崩れていくからである。

知識や情報はマネーに乗って飛び回る。そのため金融自由化が進み、経済のボーダーレス化、グローバル化が現象する。そうなると、租税負担率を高めれば、資本は一瞬のうちに租税負担率の低い国民国家にフライトしてしまう。したがって、高額所得を形成する資本所得に対して、累進的個人所得税や法人税で重い租税負担を求める福祉国家の租税制度の維持が困難となってしまうのである。

5　競争社会と協力社会

古き時代が腐臭を放ちながら崩れているけれども、新しい時代が未だに形成されずにいる歴史の「峠」、それが一九八〇年代から始まる教育危機の時代である。肯定的解決か破局かの結論が出るまでに先立つ歴史の「峠」は、古き時代と新しき時代とが楔形に混在する苦痛の時となる。

歴史の「峠」では失敗と成功の経験を繰り返しながら、新しき時代のヴィジョンを描いて着実に歩みを進めていかざるをえない。社会心理学に「予言の自己成就」という言葉がある。「未来はこうなる」という確信が強ければ強いほど、そうなる可能性が高まるという教えである。否定的な未来を描いて確信を抱けば、そうなる可能性が高まるし、肯定的な未来を描いて確信を抱けば、そうなる可能性は高まる。それだからこそ、改革にはヴィジョンが必要となる。

福祉国家が行き詰まった歴史の「峠」で、福祉国家を克服するシナリオとして、二つのシナリオがせめぎ合っている。一つのシナリオは市場経済の原理である競争原理を、社会のあらゆる領域に解き放ち、「小さな政府」を目指して「競争社会」を実現しようとする新自由主義のシナリオである。

もう一つは「協力社会」のシナリオである。「協力社会」のシナリオでも、市場経済原理という競争原理で営まれる領域が不必要だとは唱えていない。市場経済という競争原理で営まれる領域を活性化させるためにも、協力原理で営まれる領域が強力に機能する「協力社会」を目指す必要があると提起しているにすぎない。

人間の社会には協力原理が埋め込まれていなければならないと主張すれば、人間は協力し合うほど、利他的ではないという悪魔の囁きが、必ず聞こえてくる。しかし、協力原理とは他者の成功が自己の成功となり、他者の失敗が自己の失敗となるという関係を形成することを意味する。つまり、協力原理とは「情は人のためならず」式に、長期的な利己的利益のために、利他的行為を相互遂行するという状況設定を意味しているのであり、人間が利己的か否かという神学論争に結論を出す必要はないのである。

「協力原理」に対して「競争原理」では、自己が勝者となれば他者が敗者となり、他者が勝者となれば自己は敗者となる。競争原理を市場経済に限定せずに、社会のあらゆる領域に解き放つ「競争社会」とは、人間が対立し合いながら、共同して生活していく社会となってしまう。人間が対立し合いながら、共同して生活するということは、論理矛盾というよりも、言語矛盾に近い。人間という「種」は、他者と対立し、競争する本能よりも、厳しい自然のなかで共に協力して生きていく本能を備えていることを忘れてはならない。生後間もない幼児は、他者の協力がなければ生存することができないことを想起すれば明らかなように、人間の生活は他者との協力なしには存続しえないのである。

人間は本能的に競争原理よりも協力原理を備えているとすれば、「競争社会」を実現すると、子供たちを教育して、他者は敵だという競争原理を強制して教え込まなければならない。アメリカの社会学者アルフィ・コーン(Alfie Kohn)がいみじくも指摘するように、自然淘汰は競争原理を抑制することを求める。というのも、同じ「種」同士で競争をすれば、「種」の存続は脅かされてしまうからである。(4)

同じ「種」同士では本能的に競争することがないとすると、子供たちを教育する過程で競争を動機づけなければ、競争原理は機能しない。他者は自己の成功への妨害物として、他者への敵意を子供たちに植え付けなければならない。

他者への敵意を植え付けられた子供たちは、他者に心を閉ざし、他者に対して攻撃的になっていく。このように、教室で競争原理を教唆されれば、子供たちは教室の外では、敵である他者への憎しみを募らせ、他者を刺殺しかねない状況へと追い詰められていくのである。(5)

6 新自由主義の競争社会

「競争社会」を目指す新自由主義の「小さな政府」は、一九七九年にロンドンのダウニング街一〇番地に居を構え、政権の座に就いたマーガレット・サッチャーによって提唱される。サッチャー政権は産業構造の転換にともない、スタグフレーションに苦悩して行き詰まっていた福祉国家を根底から批判し、民営化、規制緩和、行政改革による「小さな政府」を提唱したのである。

こうした「小さな政府」を掲げる新自由主義にもとづく政権が、サッチャー政権を旗頭としてアングロ・アメリカン諸国へ、次々に伝播していく。そして一九八一年にアメリカでレーガン政権が「小さな政府」を旗印に誕生すると、一九八二年には日本でもまた、中曾根政権が誕生し、「小さな政府」が提唱されることとなる。

しかし、市場経済の競争原理を社会のあらゆる領域に解き放した結果は悲惨である。確かに、サッチャー政権はインフレーションの抑制には成功した。しかも、サッチャー政権が「イギリス経済の奇跡」と自讃するように、確かに製造業の生産性も向上している。しかし、そうした生産性向上は、産出高の下降傾向との同時遂行のドラマである。つまり、サッチャー政権のもとでの生産性向上は、投資抑制と低い生産水準のもとで実現していたのである。

それはサッチャー政権のもとでの生産性向上が、技術革新を基軸とする積極的な設備投資の拡大よりも、消極的な減量経営の成果として生じていることを意味している。ということは、新自由主義の「小さな政府」のもとでは、イノベーションに果敢にチャレンジした企業が報われるのではなく、容赦なく人員整理をした「無慈悲な企業」が勝利したに過ぎないことを示している。つまり、新自由主義の「競争社会」のもとでは、イノベーションに果敢にチャレンジして、新しい産業構造を創り出し、それを包摂する経済システムに変革していく推進力はないということを物語っている。

しかも、サッチャー政権はインフレーションの抑制と生産性の向上に成功したとはいえ、失業率を増大させてしまう。さらに加えて、サッチャー政権が成立した一九七九年から一九九〇年にかけて、イギリスの倒産件数は驚くべきことに五倍にも達していたのである。

このように失業や倒産が増加すれば、所得格差は拡大していく。サッチャー政権が成立する一九七九年までの第二次大戦後のイギリスでは、所得の不平等度を示すジニ係数は一貫して低下傾向を辿っていた。ところが、サッチャー政権が成立すると、一転してジニ係数は、急激に上昇し、貧富の差が拡大していく。その結果、イギリスはいずれの先進諸国をも上回る勢いで、「格差社会」に陥ったのである。

所得格差が拡大すれば、社会システムに亀裂が走る。サッチャー政権のもとで警察官の人員を増加させたにもかかわらず、犯罪件数は記録的な増加を示していく。そのためイギリスはヨーロッパで、最も収監率の高い国という汚名を甘受せざるをえなくなる。

このように新自由主義の「小さな政府」のもとでは、経済システムのイノベーションに失敗するだけでなく、社会システムをも崩壊させていく。つまり、新自由主義の「強きを助け、弱きを挫く」政策は、「格差社会」をもたらすだけではなく、モラール(志気)

とモラル（倫理）をも喪失させ、「不安社会」を創り出してしまったのである。[6]

一九八〇年代から開幕する教育改革の時代は、「競争社会」を目指す新自由主義的改革が繰り返される時代である。しかも、改革、改革と連呼して、繰り返される改革の結果は、いつも失敗する。

歴史は何も語らない。しかし、歴史の教訓に学ばない者は、必ず歴史によって処罰される。一九八〇年代の歴史的教訓から、新自由主義の「競争社会」は「格差社会」と「不安社会」をもたらし、危機から脱出するシナリオにはなりえないことが明らかとなっている。

新しい時代を創出する歴史の転機に、失敗を怖れてはならない。しかし、失敗を糊塗し、失敗を繰り返すことは許されないのである。

弱肉強食、優勝劣敗の競争原理にもとづいて市場経済を拡大させれば、家族とコミュニティという共同原理にもとづく社会システムを縮小させてしまう。つまり、ポランニー（Karl Polanyi）が指摘するように、市場経済を解き放つと、市場経済は「悪魔の碾き臼」として社会システムを破壊し、人間の生活を崩壊させてしまう。[7]そのため社会システムを崩壊から防衛するソーシャル・プロテクション（social protection）という反動が生じる。それが社会主義であり、ニュー・ディールだった。そしてそうした社会的反動（social countermovement）が最高潮に達したのがファシズムだったということができよう。

もちろん、新自由主義も「小さな政府」にすれば、社会統合に亀裂が走ることぐらい充分に承知している。それだからこそサッチャーは、「ビクトリアの美徳」を説く。一九世紀の初頭にイギリスが自由主義を謳歌していた時代には、家族とコミュニティの相互扶助や共同作業という協力原理が機能していた。そうした家族やコミュニティの自発的協力が機能すれば、社会システムの崩壊を予防してくれるはずだと考えられたのである。

日本でも一九八〇年代には、「小さな政府」が提唱されるとともに、「日本型福祉社会」が鼓吹されていく。つまり、「社会保障が家族を支える関係」から、「家族が社会保障を支える関係」への転換が提起される。第二次臨時行政調査会の「日本型福祉社会」は、「家族や近隣、職場等において連帯と相互扶助が充分に行われるよう、必要な条件整備を行うこと」を強く訴えていたのである。

しかし、こうした家族やコミュニティの自発的協力に依拠して、社会統合を図ろうとする新自由主義の主張は、文字通り矛で盾を突く矛盾である。というのも、人間は利己心にもとづいて行動するホモ・エコノミクスつまり経済人であるがゆえに、競争原理の市場経済の拡大を主張している一方で、人間が利他心にもとづいて自発的に協力することに、社会統合の根拠を求めているからである。しかし、競争原理の強要する敵対的人間関係は、社会システムの「連帯と相互扶助」という協力原理を掘り崩してしまう。

しかも、重化学工業を基軸とする工業社会からポスト工業社会へと移行すれば、家族やコミュニティの相互扶助や共同作業という無償労働を担っていた女性も、社会的に進出するようになる。もちろん、そうなると、家族やコミュニティの相互扶助や共同作業に期待しても、見果てぬ夢に終わってしまう。

一九八〇年代から繰り返される教育改革も、新自由主義的「競争社会」の実現を目指す改革として断行されている。失敗すれば、改革が不充分だったからだと、失敗を繰り返す失政糊塗の論理で状況は悪くなるばかりである。

しかも、新自由主義の「競争社会」の目指す教育改革は、アンビバレントな課題を担うことになる。一つは、教育を競争社会に合致するように改革することである。もう一つは、競争社会が生み出す社会的病理を教育で発生させないように改革することである。つまり、競争社会が生み出す犯罪、自殺、麻薬、暴力などの社会的病理を、教育が生み出した社会的病理だと見做(みな)すことによって、教育に社会的病理を防止させようとする改革である。

しかし、こうした教育改革こそ、自分の矛で自分の盾を突く矛盾である。競争原理を教育に導入して、競争原理の生み出す社会的病理を解消できるはずがないからである。こうして新自由主義のもとでの教育改革は、自己否定の悪循環の論理に陥ることになる。

7　所有欲求と存在欲求

市場原理を解き放って、「競争社会」を目指す新自由主義には、歴史の「峠」を越えようというヴィジョンはない。どういう社会が実現するのかは、競争の結果しだいでどうなるのかわからないからである。競争も、さらには経済成長ですらも、人間の生活のための手段でしかない。ところが、新自由主義のもとでは、競争や経済成長といった手段が目的となる。新自由主義のもとではこのように手段を目的化するような転倒を正当だと教え込むことが、教育に期待される重要な使命となる。

「協力社会」を目指すスウェーデン政府は、この歴史の「峠」を「希望と楽観主義」を携えて越えようと国民に訴えている。「希望と楽観主義」を携えて築くのは、「知識社会(knowledge society)」である。「協力社会」を形成することは、「知識社会」を築くことだと言い換えてもよい。

日本でも工業社会が終わりを告げていることは、充分に理解されている。しかも、その転機は一九八〇年代にあったことも、広く受け入れられているといってよい。

図1をみればわかるように、一九八〇年頃を転換点として、「物の豊かさ」よりも「心の豊かさ」を求める人の割合が上回り、ほぼ増加の一途を辿っている。つまり、工業社会が実現する大量生産・大量消費を人びとはもはや求めなくなっているといってもよい。

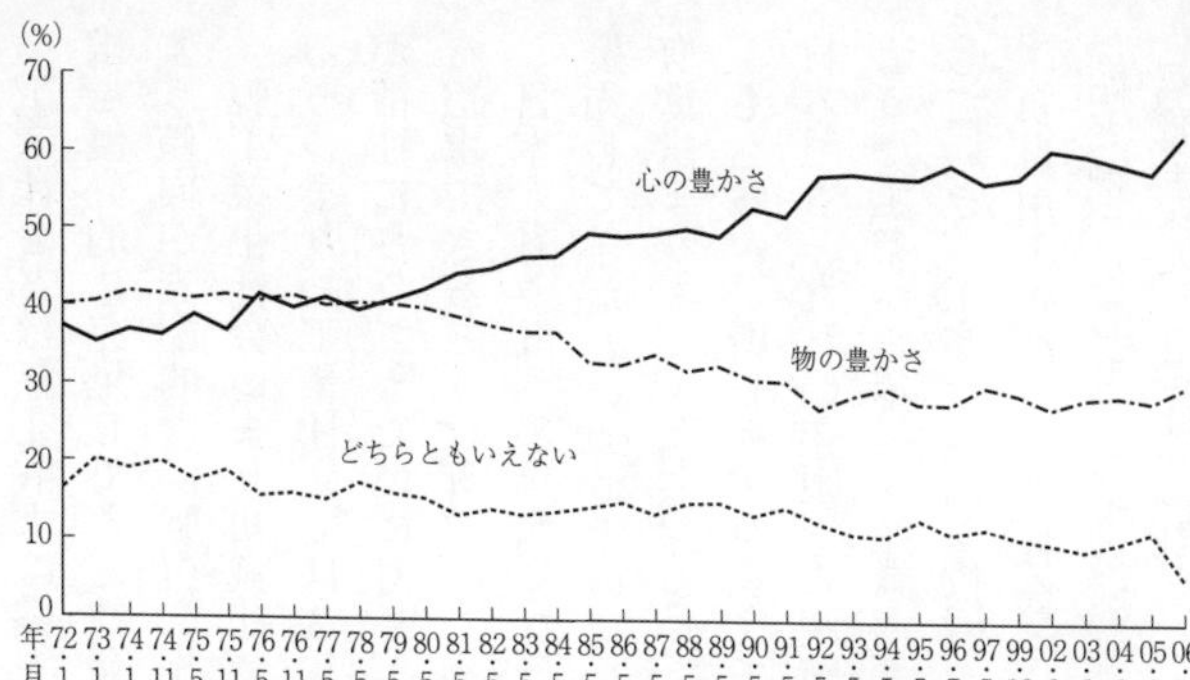

注）心の豊かさ→「物質的にある程度豊かになったので，これからは心の豊かさやゆとりのある生活をすることに重きをおきたい」
物の豊かさ→「まだまだ物質的な面で生活を豊かにすることに重きをおきたい」

出所）内閣府「国民生活に関する世論調査」(平成18年版)より抜粋

図1　心の豊かさ，物の豊かさ(時系列)

スウェーデンの環境の教科書『視点をかえて——自然・人間・全体』は、人間の欲求には所有欲求と存在欲求があると教えている[8]。所有欲求とは物質を所有したいという欲求である。これに対して存在欲求とは、人間と人間あるいは人間と自然との関係で、充足される欲求である。人間と人間とが調和したい、あるいは人間と自然とが調和したいという欲求であり、人間と人間あるいは人間と自然との触れ合いのうちに充足される欲求だといってよい。

人間は物質を所有することで充足される所有欲求で「豊かさ」を実感する。人間と人間との触れ合いによって充足される存在欲求で、「幸福」を実感する。

工業社会とは存在欲求の犠牲において、所有欲求を充足してきた社会である。所有欲求を優先的に充足してきた社会とは、人間が欲望のおもむくままに自分の所有にしてしまう傾向が支配的な「強盗文化」の時代だったとも同書は指摘している。(9)

脱工業化社会つまり知識社会とは、人間が存在欲求という幸福を追求できる社会である。つまり、工業社会では貧しさが解消されず、所有欲求を充足するために、存在欲求が犠牲にされてきたのに対し、知識社会では人間の人間的欲求である存在欲求そのものを追求できるとされる。

日本人も一九八〇年代になるまでは、貧しさを克服するためにも、所有欲求の充足を優先してきたといってよい。しかし、一九八〇年代になると、「物の豊かさ」という所有欲求よりも、「心の豊かさ」という存在欲求を重視し始めたといってよい。

もちろん、所有欲求が衰えていくことは、日本の工業にとって危機である。確かに、日本でも一九八〇年頃から産業構造の転換が進む。もっとも、日本ではスウェーデンのように工業から第三次産業へと転換していくのではなく、農業から第三次産業へと転換していき、工業は強固な位置を保っていたのである。

新自由主義の「競争社会」は、所有欲求が存在しなければ機能しない。所有欲求を「飴(あめ)と鞭(むち)」にして、労働を強制させなければならないからである。

「競争社会」では、富を「飴」に、貧困を「鞭」にし、競争へと駆り立てなければならない。所有欲求が衰退し、富がインセンティブにならずに、貧困も恫喝にならなくなると、社会の構成員をさもしい競争へと駆り立てられなくなってしまう。「お金を儲ける」ことが「飴」にならず、「貧困」に陥ることが「鞭」にならなくなることは、新自由主義にとっては危機となる。

この危機を打開することこそ、新自由主義的教育改革の重要な目的となる。つまり、人間的な存在欲求を目覚めさせずに抑圧し、所有欲求を吹き込むことである。

しかし、既に所有欲求が衰退し、存在欲求が覚醒しているもとで、存在欲求を抑圧しようとすると、社会的病理が噴出してしまう。それどころか結果として産業構造の転換も進まないのである。

8　教育による産業構造の転換

歴史の「峠」に「知識社会」のヴィジョンを描き、「協力社会」を形成しようとしたスウェーデンと、未来を市場の競争に委ね、「成り行きにまかせよう」として「競争社会」を目指した日本とでは、好対照の経済パフォーマンスを示すことになる。スウェーデンも日本も歴史の「峠」に足を踏み入れた一九八〇年代には、まずまずの経済成長を示している。

スウェーデンでは保守中道政権が、一九八二年の失業率を三・一％にまで悪化させてしまう。スウェーデンは第二次大戦後、失業率が一％前後で推移していたことを考えると、これは異常事態であった。とはいえ、一九八二年に社会民主労働党が政権に復帰してからは、一九八三年から一九八九年まで、平均経済成長率は二・六％となっている。

ところが、日本もスウェーデンも一九九〇年代の開幕とともに、バブルの崩壊を経験する。しかし、バブルの崩壊を踏み越えると、日本とスウェーデンとは二つの異なる道を歩むことになる。**図2**に示したように、スウェーデンは一九九四年から一九九〇年代の終わりまで、三・一％という高い平均経済成長率を謳歌する。

日本はとみれば、一九九〇年代は「失われた一〇年」というゼロ成長を記録してしまう。**図3**で失業率をみても、日本ではバブル崩壊後になると、速度を速めて増加する。一九九七年から一九九九年にかけて金融破綻が生じると、失業率は三・五％から一挙に四・三％にまで跳ね上がり、五％台へと突入していく。

スウェーデンも失業率は一九八九年の一・五％から一九九三年の八・二％へと跳ね上がり、一九九七年までは横這いで推移するものの、一九九七年に二〇〇〇年までに失業率を半減させると宣言したスウェーデン政府の公約どおりに二〇〇一年には四・〇％となる。

もっとも、構造改革の成果だと誇示されている経済成長が、「いざなぎ景気」を越えて続いていることが、**図2**からもわかる。つまり、**図2**をみれば、二〇〇三年から日本

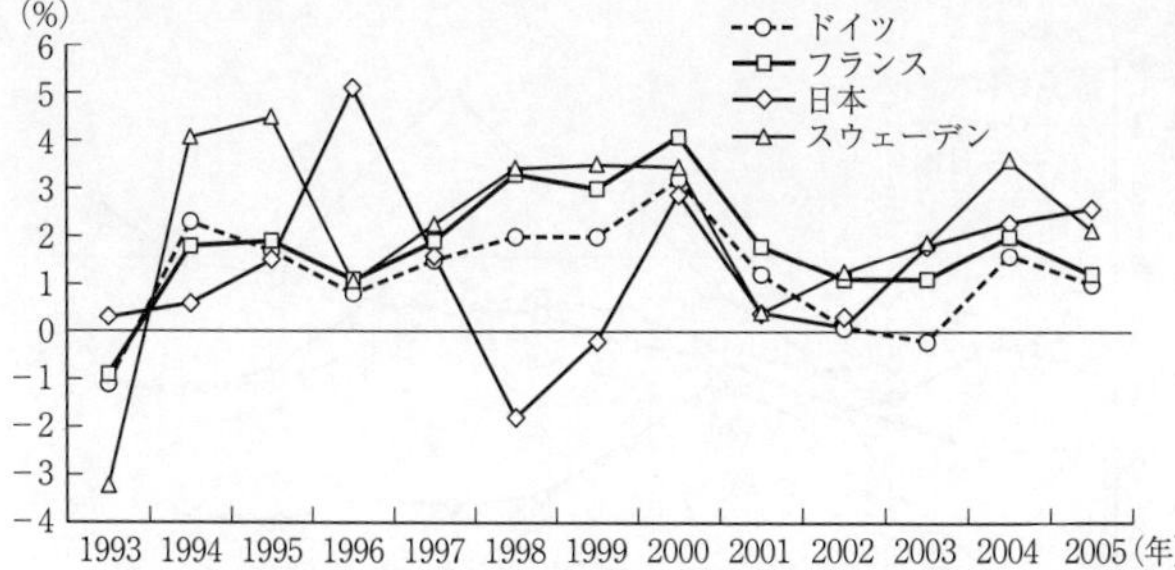

出所）ドイツ，フランス，日本：1993-1997 年については竹内洋編[2000]『図説 日本の財政』(平成 12 年度版) 東洋経済新報社，1998-2003 年については木下康司編[2006]『図説 日本の財政』(平成 18 年度版) 東洋経済新報社．スウェーデン：Statistics Sweden (http://www.scb.se/)

図 2　実質 GDP の伸び

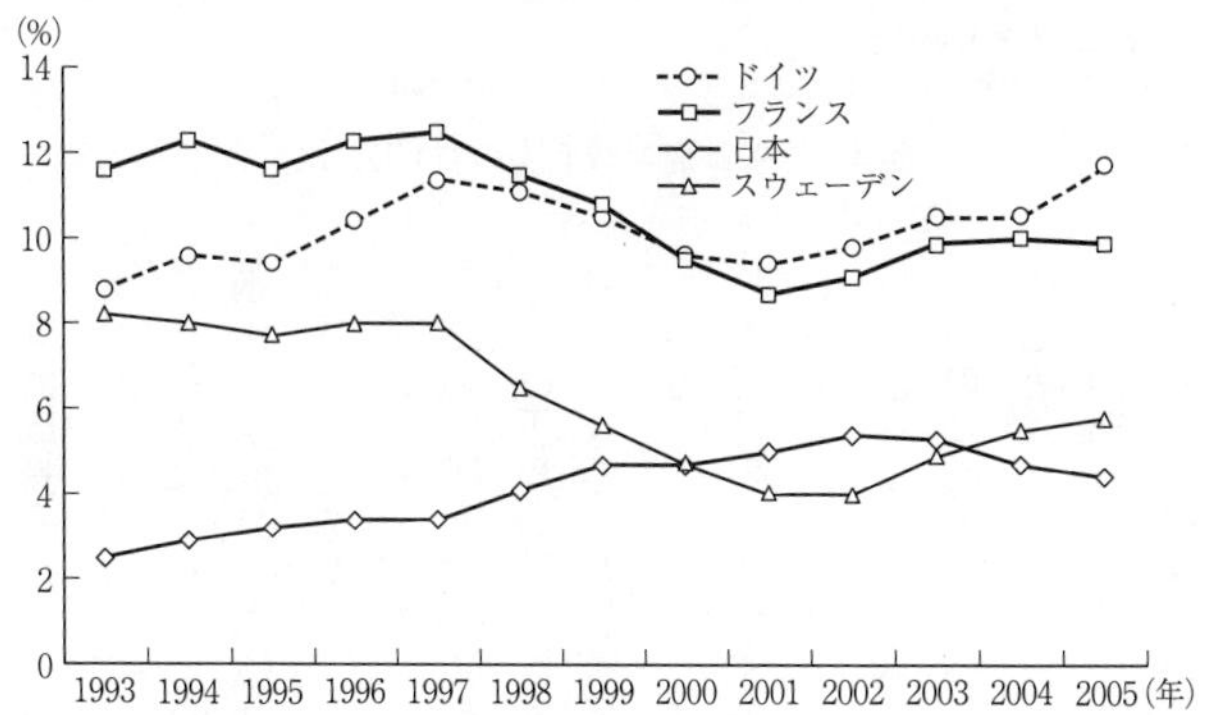

出所）ドイツ，フランス，日本：1993-1997 年については竹内洋編[2000]『図説 日本の財政』(平成 12 年度版) 東洋経済新報社，1998-2003 年については木下康司編[2006]『図説 日本の財政』(平成 18 年度版) 東洋経済新報社．スウェーデン：OECD Statistics

図 3　失業率

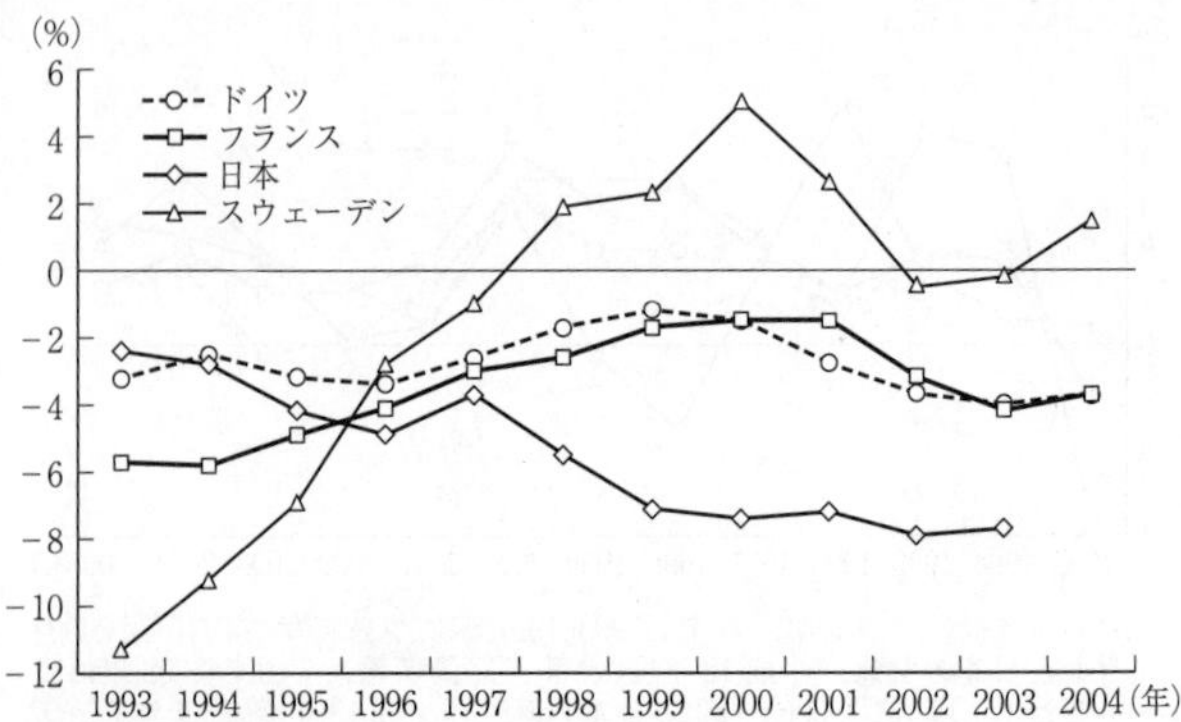

出所) ドイツ，フランス：1993-1997年については竹内洋編[2000]『図説 日本の財政』(平成12年度版)東洋経済新報社，1998-2003年については木下康司編[2006]『図説 日本の財政』(平成18年度版) 東洋経済新報社.
日本：大蔵財務協会編[2003]『図表解説 財政データブック』(平成15年度版)大蔵財務協会.
スウェーデン：Statistics Sweden(http://www.scb.se/)

図4 一般政府財政収支の対GDP比

の経済成長率がスウェーデンと肩を並べているからである。しかし、この輸出に主導された景気回復は、国民には成長が実感されない景気回復にすぎない。

失業率をみても、二〇〇三年から日本は低下傾向にある。しかし、それは正規の仕事以外での雇用増加によって、失業率が低下したにすぎないといってもよい。つまり、日本では失業者が失業者として表われてこない。ローベルト・クルツ(Robert Kurz)によると、ヨーロッパの基準で日本の失業率を計算すると、一〇%から一五%にもなるといわれている。

しかも、**図4**で財政収支をみる

と、日本とスウェーデンの光と影は決定的である。日本の財政赤字は一九九三年に二・四%だったけれども、一九九七年には三・七%となり、一九九九年には七・一%にまで悪化している。スウェーデンはバブル崩壊後の一九九三年に財政赤字を一一・三%にまで悪化させてしまったけれども、一九九七年に一・〇%にまで改善すると、一九九八年からは財政収支は一・九%の黒字に転換する。

このようにスウェーデンは一九九〇年代に財政収支を黒字転換させるだけでなく、失業率も改善し、経済成長も確実に伸ばしていく。ところが、日本は財政赤字を急速に悪化させていくだけでなく、失業率や経済成長率といった経済パフォーマンスも落ち込ませてしまう。

スウェーデンが経済パフォーマンスも財政収支も良好な結果を誇ることが可能になった原因は、産業構造の転換に成功したからだといってよい。スウェーデンは歴史の「峠」に足を踏み入れた一九八〇年代頃から、就業構造を変化させている。製造業の就業人口が減少し、公共部門や民間サービスの就業人口が増加する。(10)

こうした就業構造の変化は、一九八〇年代から知識集約産業が徐々に伸び始め、産業構造が転換し始めたことを反映している。しかも、一九九〇年代になると、知識集約産業が爆発的に拡大する。一九九一年から一九九八年にかけて知識集約産業の年平均成長率は七%にも達する。このようにスウェーデンは一九九〇年代に、産業構造を転換し、

「知識社会」を形成したことが、財政収支を回復させ、経済パフォーマンスの好結果をもたらした秘密なのである。[11]

こうした「知識社会」の形成は、教育によって可能になったといってよい。スウェーデン政府は経済成長と、雇用の確保、社会正義つまり所得の平等な分配という三つの政策課題を、同時に実現するのには教育しかないと考えている。教育によって国民の能力が高まれば生産性は向上し、経済成長が実現する。日本のように輸出依存度が一〇％程度と低い国とは相違して、スウェーデンの輸出依存度は四〇％にも達する。つまり、スウェーデンでは輸出競争力が国民経済の死命を制することになる。

輸出競争力が死命を制するスウェーデンでは、企業の国際競争力を強めなければならない。そこでスウェーデンは、教育により個々人の人間的能力を高めて生産性を向上させ、国際競争力を強化しようとする。

これに対し日本では、可能な限り、個々人の職務を人間的能力を必要としないような単純な職務にしてしまい、賃金を抑制することによって、国際競争力を高めようとする。つまり、日本は新しい産業を創出し、産業構造を転換しようとはしないのである。既存の産業構造を維持しようとすれば、賃金を抑制して国際競争力を高めるしかない。そのため日本では、教育水準を高めようという要求は、生まれてこない。

スウェーデンでは個々人の人間的能力が高まると、生産性が向上し、経済成長が達成されると考えられている。そればかりではなく、人間的能力を高めた者が雇用されないわけがないと想定されている。したがって、教育水準を高めれば、雇用の確保も実現されると考えられている。

しかも、すべての国民の人間的能力が高まれば、国民の所得格差も解消される。つまり、教育が所得格差を解消し、社会的正義をも実現すると考えられている。

このように、スウェーデンでは人間が「学ぶ」ことによって能力を高めれば、雇用され、所得格差も縮小して、生産性が向上していくと考えるのに対して、日本では人間が「学ぶ」ことを否定しようとする。というのも、人間はコストを高める妨害物だと見做す日本では、「学ぶ」ことのない人間でも遂行できるような単純な職務に可能な限り分解して、労務コストを低めることに全力が傾けられるからである。

スウェーデンは教育によって、つまり「学ぶ」ことによって、産業構造を転換させようとする。つまり、既存の産業でコストを低めて、国際競争力を高めるのではなく、個々人の人間的能力を高めて生産性を向上させるとともに、知識集約産業を創出していくことで国際競争力を高めようとする。その結果として医療機器、バイオテクノロジー、自動制御装置、コンピューター・ソフト、ロボット、環境制御機器などの知識集約産業を急速に展開させていく。こうして**図5**にみられるように、知識集約産業をスウェーデンでは拡充させ、産業構造を転換させて、歴史の「峠」を「希望と楽観主義」を携えて

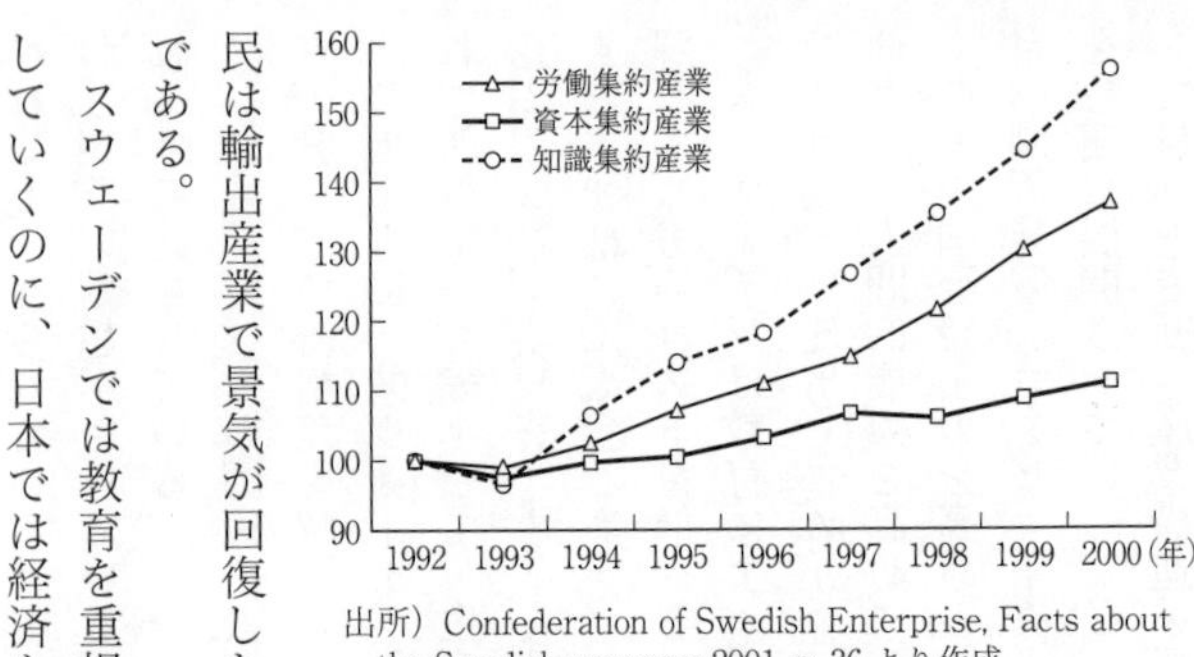

出所）Confederation of Swedish Enterprise, Facts about the Swedish economy 2001, p. 36 より作成
http://www.svensktnaringsliv.se/multimedia/archive/00000/Facts_about_the_Swedis_135a.pdf

図5　スウェーデンの産業構造の変化
(1992＝100 とした付加価値指数)

越えたのである。(12)

しかし、労務コストを低めることに、全力を尽くす日本では、国民が雇用不安に脅え、消費を控えるため、かえって失業が深刻化する。しかも、単純な職務の増加は、非正規従業員を激増させていく。非正規従業員の激増は、所得格差を激化させ、社会的不正義を蔓延させていく。ところが、賃金を低めても、賃金の低さでは工業化の目覚ましい発展途上国にはかなわない。そのため経済成長も思うにまかせないのである。

賃金を抑制し、たまたま輸出が伸びたとしても、消費需要には結びつきにくい。国民は輸出産業で景気が回復したと喧伝されても、実感なき景気回復に終わってしまうのである。

スウェーデンでは教育を重視して、経済成長も雇用確保も、所得の平等な分配も実現していくのに、日本では経済も成長せず、雇用も確保できず、格差社会に陥ってしまう。

それは教育を重視しないからである。

とはいえ、スウェーデンでは経済成長という目的の手段として、人間の「学び」を位置づけているわけではない。むしろ人間が人間として成長していくプロセスである「学び」こそが、スウェーデンでは社会の目的として位置づけられている。スウェーデンはこの歴史の「峠」で「学びの社会」を実現しようとしたのである。

スウェーデンはこの歴史の「峠」で「協力社会」を形成し、「学びの社会」を実現することを目指した。日本が目指す「競争社会」の「競争」とは社会の目指す目的とはなりえない。「競争」はあくまでも手段である。

ところが、スウェーデンの目指す「協力社会」の「協力」とは手段であると同時に目的である。つまり、「協力」とは人間が幸福を実感する存在欲求の充足なのである。

「学びの社会」の「学び」も手段であると同時に目的でもある。「競争社会」を目指す日本では、「学び」はあくまでも手段である。しかし、「協力社会」であるスウェーデンでは、「学び」は人間の自己実現という欲求を充足することを意味している。

つまり、スウェーデンでは人間は、「学びの人(ホモ・ディケンス)」と考えられている。「学び」が人間にとって生きる欲求である以上、人間は自ら学ぼうとする。しかも、人間は相互に協力し合って、学ぼうとすることになる。

スウェーデンでは一九九〇年代に、情報関係を対象とする「学習サークル」が活発に

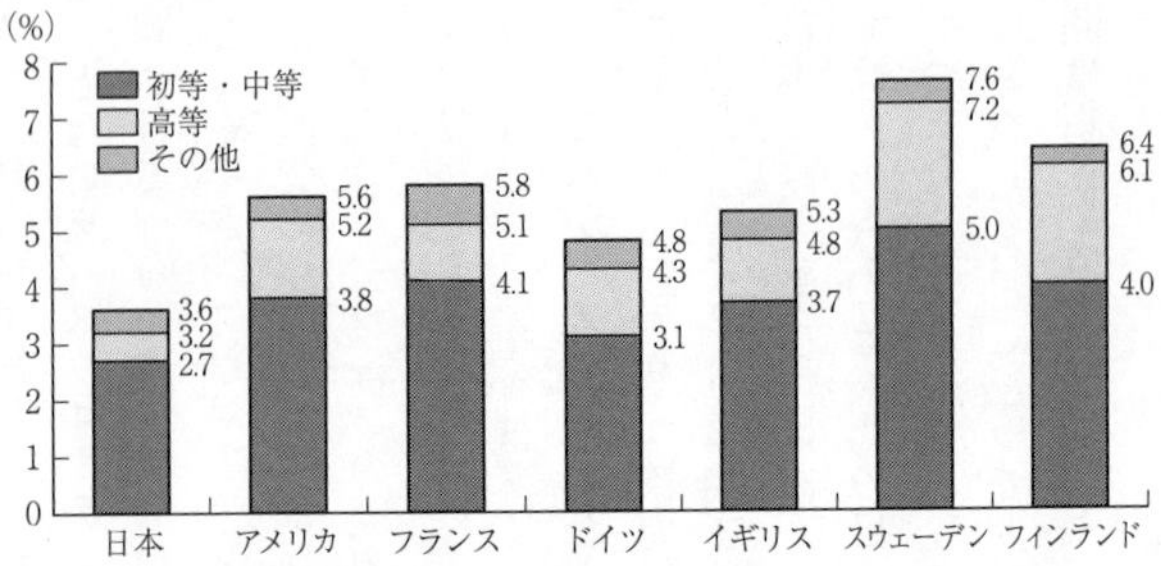

出所）経済協力開発機構(OECD)編[2005]『図表でみる教育 OECD インディケータ(2005 年版)』明石書店，より作成

図 6 公教育への支出(2002 年)

展開する。この「学習サークル」の展開が、産業構造を転換する動因となったといわれている。「学習サークル」とは国民が仕事を終えた後に、自発的に集合して学びあうサークル活動である。この「学習サークル」への参加者は、スウェーデンの成人国民の二人に一人という割合にも及ぶ。

もちろん、「学びの社会」では学校教育も重視される。**図 6** に示したように、スウェーデンの学校教育に対する財政支出のウェイトは、日本のほぼ二倍に達する勢いである。

しかし、「学びの社会」を形成したスウェーデンの教育制度では、学校教育とともに成人教育が車の両軸となっている。しかも、学校教育と成人教育を二本立てにした教育制度で、人間そのものとしての成長が図られている。つまり、学校教育と成人教育とを有機的に関連づけて、スウェーデンでは死の瞬間に至るまでのすべてのライフステージで、教育の機会を保障している。

もちろん、それは人間には死の瞬間まで、自己を変革して成長していこうとする欲求があるという信念を背後理念にしている。そのためスウェーデンでは、「誰でも、いつでも、どこでも、ただで」学ぶことを、教育制度が保障している。(13)

9　歴史の「峠」における教育改革

スウェーデンは教育によって、歴史の「峠」を踏み越えたといってよい。ところが、日本では教育改革に失敗して、歴史の「峠」で進むべき道を誤り、破局の谷へと転がり落ちようとしている。

既にみてきたように、一九八〇年代から始まる教育改革が改革の対象とした教育危機は、次のような三つの段階を踏んで、現象してきたとまとめることができる。(14)

第一の段階は、教育病理現象が生じた段階である。つまり、いじめ、不登校、校内暴力、学級崩壊など「荒れる学校」として、教育危機が認識された段階である。

第二の段階は、学力低下現象として、教育危機が認識された段階である。

第三の段階は、教育問題が社会問題を生じさせるとして、教育危機が認識された段階である。それは教育が生じさせたとされる格差問題や、教育が生じさせたとされている社会的病理や社会秩序の乱れが、絡み合いながら教育危機として認識されている。

こうした段階は時系列的にみて、第一段階から第二の段階に、第二の段階から第三の段階へと継起的に教育危機が生じていることを意味するだけではない。それは第一の段階での教育危機を解決しようとして第二の教育危機が生じてしまい、二つの教育危機とも解消できなかったどころか、教育危機を拡大させ、第三段階での教育危機が発生してしまったと考えられる。これは教育改革が、教育危機の本質を捉えることに、失敗していることを示しているといってよい。

教育危機といっても、第一段階の教育危機は、「学校」教育の危機である。第二段階の教育危機も「学校」教育の危機である。第三段階の教育危機も、「学校」教育が、社会的病理や格差を生じさせているという危機である。つまり、日本での教育改革が対象としている教育危機は、「学校」教育の危機であり、日本では教育改革といえば学校教育の改革のことを意味していたのである。

もっとも、スウェーデンでも一九九〇年代に、大規模な学校教育の改革を実施している。一九九一年には学校法さらには教育法の抜本的改革が断行されている。

この一九九一年の教育改革は、学校教育の地方分権を目指した改革である。この改革でスウェーデンでは、後期中等教育つまり高等学校までの学校教育のすべての責任が、コミューンつまり市町村に移譲されることになる。

それまでのスウェーデンの学校教育では、中央政府が教員の給付も労務条件も規制していた。しかも、学校教育の責任は、中央政府と地方自治体が、折半で分かち合っていたのである。[15]

しかし、一九九一年の教育改革で教員の給付や労務条件を決定する権限も、学校教育の責任もすべて、地方自治体の手に委ねられる。しかも、こうした学校教育の地方分権は、単に身近な公共空間で、国民が学校教育を決定できるように、エンパワーメントすることを意味していただけではない。国民が学校教育の現場を信頼して、学校教育の現場にエンパワーメントすることをも意味している。つまり、学校教育にかかわる企画(plan)・実行(do)・評価(see)という一連の職務権限を、学校教育の現場に委ねた方が、教育水準は向上すると考えられたのである。

日本では対照的に、学校教育の地方分権は進まない。中央教育審議会に出席すれば、参加している教育学者が、学校教育の国家統制の強化を絶叫するばかりである。

学校教育の地方分権化とともに、スウェーデンでは「教育の拡張」が実施される。つまり、教育改革の対象領域が拡大される。

就学前児童の保育サービスの所管が、社会省から教育省に移管される。というよりも、保育サービスに関する規定も、社会サービス法ではなく学校法で定められるようになる。つまり、就学前児童への保育サービスが明確に、就学前教育として位置づけられるようになる。

しかも、就学児童の学童保育も、保育サービスではなく「教育」として位置づけられる。就学児童の学童保育も、社会省から教育省に所管が移される。さらに学童保育に関する規定も、社会サービス法から学校法に移行される。

このように保育を教育として位置づけることは、家庭内で行われている保育も、教育にほかならないということを背後理念としている。家庭内で営まれている保育も、教育にほかならないという理念に立脚すると、家庭内の育児を、社会の共同事業として実施しても、それは教育だということになる。

学校教育に先立つ保育も、学校教育の外側にある保育も、教育として位置づけられるだけでなく、学校教育を終えた後の職業訓練も、教育として明確に位置づけられる。もっとも、そもそもスウェーデンの教育制度は、学校教育と成人教育が二本立てとなっている。つまり、技能訓練や実用教育など広汎な教育領域が、教育として差別なく実施されてきたのである。

また、スウェーデンでは労働市場政策が中央政府の責務とされてきた。しかし、一九九〇年代にスウェーデンで強力に地方分権が推進されると、若年層に対する労働市場政策の権限が、次々とコミューンつまり市町村に移譲されていく。一九九八年に若年失業者の職業能力を高めるため、コミューンが独自に職業訓練教育や教育を失業対策プログラムとして実施できるようになる。

こうして地方自治体が職業訓練と教育とを統合して、失業対策を実施していくことになる。しかし、スウェーデンでは教育や訓練を失業対策の道具として利用するというよりも、教育や訓練により人間的能力を高めれば、必ず雇用されるというように、教育や訓練が道具視されていない点に注意しておく必要がある。

しかも、実用的訓練が重視されているのも、「お金を儲ける能力」を身につけさせるというよりも、実用的訓練も人間を成長させる教育であるという信念にもとづいている。そのため実用的訓練も、教養教育と有機的に統合させながら、実施されていくのである。

しかし、スウェーデンが「学びの社会」を形成していく教育改革で重要な点は、学校教育の改革でも、教育の領域を拡大していく改革でもない。教育改革が国民の誰もが抱いている、人間として成長したいという「学び」の欲求に根差した「国民教育運動」によって、推進されているという点にある。

人間の人間として成長したいという自然な欲求に支えられたグラス・ルーツでのボトム・アップの改革が、スウェーデンの教育改革の特色である。人間が「学び」の欲求に根差して、人間として成長していくことで、生産性が向上し、産業構造が「知識社会」へと転換していく。

ところが、日本での教育改革はトップ・ダウンの改革である。それは人間を経済成長の道具として位置づけた教育改革であると言い換えてもよい。人間として成長して生きていくことを諦めさせ、従順に道具として生きていく生活態度や、道具としての能力を身につけさせることが優先される。

しかし、経済行動の道具として要求される能力は、一瞬のうちに変化する。そのため道具としての能力は、身につけた瞬間に陳腐化していくといってよい。

スウェーデンでは経済成長という目的の手段として、教育を位置づけてはいない。人間が人間として成長していくことが社会の目的であり、教育こそが目的である。そうした人間が人間として成長していくために、経済成長があるにすぎない。そのためスウェーデンでは生活を支える手段として、「学習サークル」を象徴とするボトム・アップの国民教育運動が展開され、教育改革が推進されたのである。

スウェーデンは歴史の「峠」で、教育改革によって工業社会から知識社会へと転換することに成功している。しかし、教育改革は世界的に眺めると、同時進行的に生じている。それは歴史の一つの時代が終わり、一つの時代が始まるという歴史的大転換期と、不可分に結びついて進行しているからである。つまり、工業社会が終わりを告げ、知識社会が始まることにともなって、教育改革が生じているといってよい。

ＯＥＣＤ(経済協力開発機構)の言葉で表現すれば、知識主導型社会(knowledge-based society)への移行にともない、教育改革が課題となっているといってよい。一九九六年のＯＥＣＤ教育大臣会議は、知識主導型経済や知識主導型社会に対応するよう「すべて

の人に生涯学習を」と主張している。(16)

「すべての人に生涯学習を」を目指す社会を「学びの社会」と呼んでおくと、「学びの社会」での教育は、次のように特徴づけられていると思われる。

第一に、学校のようなフォーマルな教育だけでなく、インフォーマルな学習機会を結びつけた学ぶことへの「体系だった見通し」を形成することである。

第二に、学習者中心主義である。

第三に、「学習への動機づけ」を重視することである。

「学びの社会」を形成することとは、自分のペースによる自分の意志での学び(self-directed learning)を形成することである。スウェーデンは「誰でも、いつでも、どこでも、ただで」の教育原則を確立し、「学びの社会」を形成して、知識社会へと転換したといってよい。

この歴史の「峠」では、工業社会から知識社会への転換を迫られている。農業社会から工業社会へと転換する歴史のエポックでは、人間が自然に働きかける手段を改革する「産業革命」が、転換への鍵となった。工業社会から知識社会への転換期には、自然に働きかける手段ではなく、主体としての人間そのものの改革としての「教育改革」が、転換への鍵を握ることになる。

注

（1）正村（二〇〇五）、二七ページ参照。
（2）佐藤（一九九九）、四ページ参照。
（3）Lundberg och Abram-Nilsson (1990)、訳書一九八ページ参照。
（4）Kohn (1992) 参照。
（5）「競争社会」と「協力社会」については、神野（二〇〇一a）を参照されたい。
（6）一九八〇年代のサッチャー政権の実態については、神野（二〇〇二）を参照されたい。
（7）Polanyi (1944) 参照。
（8）Lundberg och Abram-Nilsson (1990)、訳書一六八ページ参照。
（9）Lundberg och Abram-Nilsson (1990)、訳書三ページ参照。
（10）一九九〇年代のスウェーデンの構造変化については、藤井（二〇〇二）を参照されたい。
（11）神野（二〇〇一b）参照。
（12）この原則は遠山真学塾の小笠毅氏から学んでいる。
（13）スウェーデンの教育改革についてはストックホルム大学の訓覇法子研究員の教えによっている。概観するには二文字（二〇〇二）が有効である。
（14）日本の教育改革については佐藤（一九九九）、藤田（一九九七）、藤田（二〇〇六）を参照されたい。
（15）訓覇（二〇〇二）、二三一ページ参照。
（16）OECD (2001)、訳書五八ページ参照。

第二章　教育の意味を問う

1　「盆栽型」教育と「栽培型」教育

何かを学ぶということは、つねに人間の心の中のプロセスです。このことは、誰かが何かを教えてくれるだろうという期待をもつことができないことを意味しています。

あなたは、自分で学ばなければなりません。

あなたが、教師として他人に何かを教えるということも、確かではありません。しかしあなたは、他人が自ら学ぶ状況をつくる手助けや、他人に学ぼうとさせる刺激を与えることはできます。

人は誰でも、適切な動機づけがあれば、驚くほどの速さで学習するものです。

(Lundberg och Abram-Nilsson (1990))

これは、スウェーデンの環境教育の教科書である『視点をかえて――自然・人間・全体』の中の、「ものを学ぶということ」についてのコーレ・オルソン(Kåre Olsson)の言葉である。ここに「学びの社会」スウェーデンの「学ぶ」ことへの考え方が、如実に示されている。人間には誰にでも、人間として成長したいという欲求がある。それだからこそ適切な動機づけさえあれば、人間は自発的に「学び」成長していくという考え方である。

辞書を繙けば、教育とは「教え育てること」であり、「人間に他から意図をもって働きかけ、望ましい姿に変化させ、価値を実現する活動」と説明されている。そうだとすれば、教育とは他者に何かを教え、他者を変化させる活動となる。

もっとも、教育を意味するエデュケーション(education)とは、ラテン語で「引き出す」を意味するエデュカチオ(educatio)に語源がある。つまり、外側から圧力を加えて変化させることではなく、内在しているものを引き出すことが、教育なのである。

折原浩東京大学名誉教授の教えに従いながら分類すると、教育は「盆栽型」教育と、「栽培型」教育とに分類することができる。[1]「盆栽型」教育とは、外から圧力を加えて変形していく教育である。つまり、自然には曲がらないにもかかわらず、針金で外から圧力を加えて枝を曲げて、「盆栽」を作成するように、「鋳型」に嵌めるように教育することである。

「栽培型」教育とは植物を栽培するように、枝を伸びたいように伸ばしていく教育である。つまり、「栽培型」教育では人間が成長したいように成長できるようにするために、肥料を施したり、害虫を駆除したりすることが教育の役割となる。

もちろん、日本の教育は「盆栽型」教育であり、スウェーデンの教育は「栽培型」教育だということができる。もっとも、「盆栽型」にせよ、「栽培型」にせよ、教育とは人間を「育てる」ことであることは間違いない。

そうだとすれば、教育とは社会の構成員を、社会の構成員として「育てる」ことだということができる。とはいえ、教育つまりエデュケーションの語源に思いを馳せれば、教育とは「人間におのずからそなわり、ただ適宜な配慮がなければ開花や結実にいたらない潜在的可能性に、深く思いをひそめ、それを大切にはぐくみそだてててゆくこと(2)」であり、人間の「〝いのち〟の自己成長を援助すること(3)」だと考えられる。

2　人的資本論とシグナリング理論

物事には「点」がある。「点」には長さも面積もない。「点」はただ位置のみを示している。物事にはその物事をそれたらしめている「点」がある。改革とは元来の姿に戻すことだとすれば、「点」を取り戻すことだといってもよい。

教育改革でも教育の「点」を見失ってはならない。教育の「点」とは社会の構成員を育てることであり、社会の構成員の自己成長を助けることにある。

尊敬する経済学者、宇沢弘文東京大学名誉教授によれば、教育の役割は「一人一人の人間にとっても、各人の置かれた先天的、歴史的、社会的条件の仕組みを超えて、知的、精神的、芸術的営みを始めとして、あらゆる人間的活動について、進歩と発展を可能にすることとされている。しかも、教育とは「一人一人の子どもがもっている多様な先天的、後天的資質をできるだけ生かし、その能力をできるだけ伸ばし、発展させ、実り多い、幸福な人生を送ることができる一人の人間として成長することをたすけるもの[4]」だとしている。つまり、教育を「人間として成長することをたすけるもの」として位置づけ、「栽培型」教育観に立っている。

こうした教育を「具体的なかたちで実現するためにもっとも効果的な手段[5]」が、学校教育だと宇沢教授は指摘している。もちろん、社会の構成員を育てる教育は、学校教育に限定されているわけではない。学校教育は「もっとも効果的な手段」であるにしても、教育の手段の一つでしかないからである。

しかも、宇沢教授は経済学の観点からみても、教育を経済活動のための人的資源を育成する手段とは考えてはいない。もっとも、人間を経済活動の手段だと見做し、教育を経済活動の人的資源を育成する行為と考える経済学のアプローチがないわけではない。

教育を経済活動の人的資源を育成する手段だとする経済学のアプローチに、ベッカー(Gary S. Becker)などによって唱えられた人的資本論がある。人的資本論では人間を機械設備などの生産するための物的資本と同様に、生産するためのストックとしての人的資本として把握する。つまり、教育は生産のための人的資本への投資と考えられている。[6]

人的資本論ではミクロ的観点からすると、つまり教育を受ける個人の側からすると、教育を受ければ所得を上昇させることができる。人的資本論ではミクロ的観点からすると、教育とは所得を獲得する手段として位置づけられている。

マクロ的観点からは教育水準が上昇すると、職務遂行能力が高まり、生産性も上昇して、経済成長も実現する。つまり、人的資本論ではマクロ的観点からすると、教育は生産性を高め、経済成長を実現する手段として見做される。

人的資本論は教育投資が経済成長に決定的に影響力を与えるというシュルツ効果で有名なシカゴ大学のシュルツ(T. W. Schultz)の教えを継承している。しかし、人的資本論では教育の領域でも、経済の領域と同様に、人間はホモ・エコノミクス(homo-economics)、つまり経済人だと想定している。

教育を受けようとする者は、教育によって受ける便益と、教育を受けるために必要な費用を合理的に計算して、合理的経済人として選択する。しかし、人間は「ホモ・サピエンス(homo-sapiens)」、つまり「知恵のある人」であることを忘れてはならない。宇沢教授は人間を生産要素に過ぎないと見做す人的資本論を、きわめて非人間的、反社会的だと批判している。

人的資本論と対極にあるように思われる、教育への経済学からのアプローチに、スペンス(Michael Spence)などによって唱えられたシグナリング理論がある。シグナリング理論では教育が人間の能力を高めるとは考えていない。シグナルとは信号を意味する。つまり、シグナリング理論では教育とは人間の能力を高めるのではなく、人間の能力を他者に伝えるシグナルにすぎないと考えられている。

このシグナリング理論では、教育を受ける者は能力、それも潜在能力を示すシグナルを獲得するために教育を受けることになる。教育を受けた者を需要する企業は、職務遂行能力よりも潜在能力を求めるけれども、情報の非対称性が存在するため、企業もそれを正確に判断するのには膨大な費用がかかる。そこで、企業も教育をシグナルとして用いることが、合理的だと考えることになる。

とはいえ、小塩隆士教授(神戸大学)が指摘するように、一見すると対極に位置すると思えるけれども、人的資本論にしてもシグナリング理論にしても、教育を市場経済で所得を獲得する手段として考えていることは同様である(7)。確かに、人的資本論では、教育が人間の能力を高めると想定しているのに対し、シグナリング理論では、教育は人間の能力を知らせる手段でしかない。

そうした違いがあるのは間違いないが、人的資本論にしてもシグナリング理論にしても、教育を所得を獲得する手段として位置づけていることには相違がないのである。

人々が教育に費用を支払うのは、その見返りに所得を得ることを期待しているからだと考えている。つまり、教育はあくまでも「手段」であり、教育それ自体は「目的」ではないのである。

小塩教授は、「教育は何か別の目的に従属するだけのものなのだろうか[8]」と問い、「人的資本論そのものが間違っていると言いたいわけではない[9]」と慎重に前提をつけながらも、「教育を受けることそれ自体から満足が得られる[10]」ことを示唆している。経済学の歴史を振り返ってみると、経済学では教育に所得を獲得する手段を越える意義を見出してきたことがわかる。

3　アダム・スミスの教育論

市場社会にメスを入れた「経済学の父」と讃えられるアダム・スミス(Adam Smith)も、教育に市場で所得を獲得する以上の意味を見出している。

アダム・スミスの『国富論(*An Inquiry into the Nature and Causes of the Wealth of Nations*)』は、五つの篇から構成されている。市場社会では「公」と「私」が分離することを前提にして、第一篇から第四篇までは、「私」の経済つまり市場経済を取り扱い、第五篇では「公」の経済つまり財政を議論している。

アダム・スミスが『国富論』で教育を議論しているのは、第五篇の財政論においてである。第五篇でアダム・スミスは財政の任務として三つの機能を指摘している。第一は、「防衛」である。第二は、「司法」である。第三は、「公共事業と公共施設」である。これに「主権者の尊厳を保つ」ことを加えると、政府機能は四つということになる。

教育は第三の「公共事業と公共施設」で論議されている。防衛と司法に続く「主権者または公共社会の第三の義務」とは、「大きな社会にとっては最高度に有利ではありうるが、その利潤が、どの一個人または少数の個人にとっても、費用を回収することはありえず、したがってまた一個人または少数の個人が設立し維持することは期待しえない性質のもの」[11]を、「公共事業と公共施設」として、「設立し維持すること」である。

こうした「第三の義務」の「おもなもの」には二つある。一つは「社会の商業を助長するためのもの」、つまり道路や港湾などの公共事業である。もう一つは、「国民の教化を促進するためのもの」、つまり教育である。

この「教育のための施設」には二つの種類がある。一つは、「青少年教育のためのもの」であり、もう一つは「あらゆる年齢の人びとの教化のための施設」である。

このようにアダム・スミスは、政府の「第三の義務」として教育を指摘するけれども、教育を租税収入で運営すべきだとは考えてはいない。「青少年教育のための施設」でさえ、「それ自体の費用をまかなうにたりる収入をあげることができる」として、「学生が教師に支払う授業料または謝礼」という料金収入で運営することを原則としている。[12]
　それどころかアダム・スミスは、「教育のうちで、教えるための公共施設がない部分が、一般に、もっともよく教えられているということは、注目すべきである」[13]と指摘し、「学芸教育の三つのもっとも基本的な部分である読み、書き、計算は、いまでも公立学校よりは私立学校で習得するほうがふつうで、だれであれ、習得する必要がある程度のことを習得しそこなうということは、めったにおこらない」[14]と述べている。
　それでは国民の教育を、政府が放置しておいてよいかといえば、アダム・スミスはそうではないという。「教育の要不要は、その社会の状態による」というのが、アダム・スミスの主張である。それは「あるばあいには、政府がなんの配慮をしなくても、その社会の状態が必然的に、大部分の個人を、社会状態が必要とするような、あるいはおそらく容認できるような、ほとんどすべての能力と徳を自然に彼らのうちに形成する境遇におく。そうでないばあいには、社会の状態が大部分の個人をそのような境遇にはおかず、国民大衆がほとんど全面的に腐敗し堕落するのを防止するために、政府の何かの配慮が必要である」[15]からである。
　しかし、アダム・スミスが身につける必要があると考えているのは、生産能力つまり労働能力や職務遂行能力ではない。むしろ正反対の主張であるということができる。アダム・スミスは市場社会という分業が発達する社会になると、次のような変化が現象す

ると指摘する。(16)

分業が進むにつれて、労働によって生活する人びとの圧倒的部分すなわち国民の大部分の仕事が、少数の、しばしば一つか二つの、きわめて単純な作業に限定されるようになる。ところが大半の人びとの理解力は、必然的に、彼らのふつうの仕事によって形成される。一生を少数の単純な作業の遂行に費やし、その作業の結果もまたおそらくつねに同一あるいはほとんど同一であるような人は、困難を除去するための方策を見つけだすのに自分の理解力を働かせたり、創意を働かせたりする必要がない。そもそもそういう困難がおこらないのである。そのため彼は自然に、そのような努力の習慣を失い、一般に、およそ人間としてなりうるかぎり愚かで無知になる。精神の活発さを失うことによって、彼はどんな理性的な会話を楽しむことも、それに参加することもできなくなるばかりでなく、寛大、高貴、あるいはやさしい感情をもつこともできなくなり、そのため私生活のふつうの義務でさえ、その多くについてなにも正当な判断をくだせなくなる。自分の国の重大で広範な利害について、彼はまったく判断をすることができず、彼をそうでなくするためにきわめて特別の骨折りがなされないかぎり、彼は同様に、戦争にさいして自分の国を防衛することもできない。彼の変化のない生活の一様さが自然に彼の精神の勇気を腐敗させ、兵士の不規則で不安定で冒険的な生活を嫌悪させる。それは彼の身体の活力さえ腐敗させ、これまで仕込まれてきた仕事以外のどんな仕事にも、精力的に辛抱強く自分の体力をつかうことができないようにしてしまう。彼自身の特定の職業での彼の腕前は、このようにして、彼の知的社会的軍事的な徳を犠牲にして獲得されるように思われる。だがこれこそ、政府がそれを防止するためにいくらか骨を折らないかぎり、改良され文明化したすべての社会で、労働貧民すなわち国民の大部分が、必然的におちいるにちがいない状態なのである。

人間は自然に働きかけ、人間の生活に必要な有用物を取り出す生産活動を通して、知識を得るとともに、理解力を身につける。理解力とは知識を秩序立て、生活とを関連づけて、全体性を把握することにかかわる。分業によって生産活動として、単純作業にしか従事しなくなると、生産活動によって得る知識も、理解力も、人間的情感も、判断さらには社会を形成する能力も身につかなくなってしまうというのが、アダム・スミスの指摘である。

このようにアダム・スミスは、生産活動に必要な労働能力のために教育が必要だと考えていたのではなく、労働という生産活動を通して身につけるべき、「高貴な人間性」が分業化した労働では身につかないので政府が教育を提供する必要があると考えている。

つまり、文明社会では「大部分の個人の職業にはほとんど多様性がないけれども、社会全体の職業はほとんどかぎりなく多様」である。[17] そのため「少数の人たちの大きな能力にもかかわらず、国民大衆のなかでは、人間の性格のうちの高貴な部分はすべて、大幅に抹殺され消滅させせられてしまうだろう」[18] とアダム・スミスは考えたのである。

そうなると、市場社会では政府は「地位や財産」のある者よりも、「一般民衆の教育をよく配慮する必要がある」ことになる。その理由をアダム・スミスは、次のように説明している。[19]

ある程度の身分や財産のある人びとが、世間で目立ちたいと思って特定の事業や専門職や商売につくのは、一般に、一八歳か一九歳になってからである。彼らはそれまでのうちに、公共的尊敬を得、あるいはそれに値するものになったりするための、すべての教養を身につけるか、あるいはすくなくとものちに身につけるだけの用意をしておくための、十分な時間をもっている。彼らの両親や保護者は、一般に、彼らがそのような教養を身につけるようにと切望しているし、たいていのばあい、その目的のために必要な費用をよろこんで出す。彼らがかならずしもつねにしかるべく教育されないとしても、彼らの教育に支出した費用がたりないためであることはめったになく、その費用の使いかたが適切でないためである。それは教師がいないためであることはめったになく、求められる教師が怠慢で無能であるため、あるいはむしろ、ものごとの現状では、よりよい教師を見つけることが困難あるいは不可能なためである。いくらかの身分や財産のある人びとが生涯の大部分を過ごす職業もまた、一般民衆の職業のように、単純で一様なものではない。そのほとんどすべては極度に複雑で、手よりは頭をつかうようなものである。そういう職業に従事する人びとの理解力が、使いかたがたりないために鈍くなるということは、めったにありえない。それればかりでなく、いくらかの身分や財産のある人びとの職業が、朝から晩まで当人を悩ますようなものであることはめったにない。彼らは一般にかなり多くの暇をもっており、そのあいだに彼らは、生涯の初期にその基礎をつくっておいたか、あるいは多少ともそれを好むようになっていただろう、有用なまたは装飾的な知識の、どの部門においても自分自身を完成させていくことができる。

ところが、「一般民衆のばあいは、そうではない。彼らには教育のための時間がほとんどない。彼らの両親は、幼時においてさえ彼らをほとんど扶養できない。彼らは、働けるようになるやいなや、生活資料を稼ぐことができるような商売を身につけなければならない。その商売もまた、一般に、単純で一様なものであるため、理解力を働かすことにはほとんどならないし、同時に、彼らの労働は継続的できびしいから、何かほかのことに精を出したり、あるいはそうしようと考えるにしても、暇はほとんどないし、その気になることはさらに少ない」のである[20]。

しかし、「どの文明社会でも、一般民衆は、いくらかの身分や財産のある人びとほどには教育を受けていないけれども、それにもかかわらず、読み、書き、計算という、教育のもっとも基本的な部分は、生涯のきわめてはやい時期に身につけることができるから、最低の職業をやがて仕込まれるはずの人びとでさえ、そうした職業につくまえに、それらのものを取得する時間はある。公共はきわめてわずかな経費で、国民のほとんどすべてにたいして、教育のそれらもっとも基本的な部分を取得する必要を助長し、奨励し、さらには義務づけることさえ、できるのである[21]」と、アダム・スミスは主張する。読み、書き、計算の基礎教育を義務教育として課すにしても、職業に必要だからではなく、職業では身につかないからである。つまり、アダム・スミスは教育を職業に就くための手段としてよりも、教育を受けること自体に意味があると考えている。

政府による教育の意義が、生産活動における労働能力を高めることにではなく、逆に生産活動では必要ないにせよ、生産活動によっては身につかない人間的能力を身につけることにあるとするならば、それは、教育に社会統合機能を認めることを意味する。市場社会で要求される特定職業における巧妙さは、知的、社会的、軍事的な徳性を犠牲にして獲得されることになる。それ故に、政府が国民に、とりわけ単純労働を強いられる下層階級に、教育を施して、こうした徳性を身につけさせなければ、社会統合は困難となる。それだからこそ政府は、下層階級の教育からなんの利益も収められないとしても、社会統合のために放置しておくべきではないとアダム・スミスは唱える。下層民の教育は、社会統合を可能にすることで、国家にとっての利益になるのである。

つまり、教育を与えれば与えるほど、「無知な諸国民のあいだでしばしばもっともおそるべき無秩序を引き起こす熱狂や迷信の惑わしにかかることが、それだけ少なくなる。それればかりでなく、教化された知的な人びとは、無知で愚鈍な人びとよりも、つねに礼儀があり、秩序正しい。彼らは個人個人が、より尊敬されていると感じていて、合法的な目上の人びとの尊重を受けやすく、したがってまた目上の人びとを尊重する気持ちもより大きい。彼らは党派や反徒の利害にもとづいた不平を検討しようという気持ちもより大きいし、そのため、政府の方策に対して気ままな、あるいは不必要な反対をするように誤導される傾向も少ない。自由な国ぐにでは、政府の安泰は、国民が政府の行動にたいしてくだす好意的な判断に依存するところがきわめて大きいから、それについて彼らが性急に、あるいは気まぐれに判断する気にならないようにすることは、たしかに最高に重要であるにちがいない[22]」とアダム・スミスは主張する。

このようにアダム・スミスは政府が教育を提供する必要性を、生産活動における労働能力に求めていたのではない。むしろ生産活動が分業化され、労働が単純化することによって生ずる社会的亀裂を解消し、社会統合を実現していくことに、政府が教育を提供する必要性を認めたのである。

4　教育の分裂

アダム・スミスの教育論をみると、市場社会になるや、教育が分裂現象を起こすことがわかる。教育を社会の構成員を育てること、あるいは社会の構成員として育つ仕組みと考えておくと、市場社会以前の前近代社会では、社会の構成員として育つ仕組みとしての教育が、分裂することなく統合されていたということができる。

アダム・スミスが指摘するように、市場社会以前の前近代社会では、「各人の多様な職業によって、各人はたえずおこる困難を除去するために、自分の能力を発揮し方法を発明せざるをえなくなる。創意は活発に維持され、精神は、文明社会でほとんどすべての下級階層の人びとの理解力を麻痺させるように思われるねむそうな愚昧におちいるのを抑えられる。それらのいわゆる野蛮社会では、すでに述べたように、だれもが戦士である。またただれもがある程度政治家でもあり、社会の利害や社会を統治する人びとの行動について、一応の判断をくだすことができ[23]」たのである。

このように、市場社会が成立するまでの教育は分裂することなく一体として実施されている。市場社会が成立するまでは、人間は生命を授かると、共同体に抱かれて成長していく。子供達は家族とともに生き、採集や農作業、あるいは家事を手伝いながら、生きるための知識や技術あるいは理解力を身につけて成長していく。生産活動や生活活動を通じて、生産能力も生活能力も身につけていく。

もちろん、生産活動も生活活動も不可分に結びついて遂行されるため、生産能力も生活能力も一体として身についていく。しかも、生産活動も生活活動も共同体の共同作業に包摂されて実施される。そのため家族や帰属している地域社会の共同作業に従事しながら、共同体の習慣を学び、共同体を形成しながら生きていく術を身につけていく。

封建領主の支配も共同体を媒介として実行されるため、権力に服従する術も共同体を通じて伝承される。市場社会以前の前近代社会では、生産行為も生活行為も、それに必要な知識と技術は、明確に区別することなく伝授されていく。しかも、統治のための規則の順守や権力への服従などの生活態度も、生産や生活の行為の伝統と区分されずに身につけていく。

ところが、市場社会になると、教育が分裂現象を起こす。分業化された生産活動では、アダム・スミスが指摘しているように、単純化された部分的な労働能力しか身につかない。

市場社会では市場社会以前のように、農作物の栽培や機織りといった生産能力も、年長者とともに作業に従事しながら学んでいくことはなくなり、さらに家事などの生活能力も、年長者とともに共同作業に従事しながら、身につけていくことも少なくなる。

もちろん、市場社会でも自営業者は存続するため、生産機能をも担う家族は存在する。そうした家族では家業を手伝いながら、生産機能を身につけ、家業を継承していくことになる。しかし、子が親の働く姿を眼にする生産機能をも担う家族は、市場社会の発展とともに急激に減少してしまうのである。

5　三つのサブ・システムの分離

市場社会になると、教育が分裂現象を起こすということは、生産活動と生活活動が分離し、政治、経済、社会という三つのサブ・システムから社会全体が構成されるようになるからである。市場社会以前の前近代社会では、この三つのサブ・システムは分離せずに、教育も分裂していなかったということができる。

人間にとって最も古い人間と人間との関係は、家族やコミュニティなどの「共同体(Gemeinschaft)」という人間関係である。中西洋東京大学名誉教授が指摘するように、群居性を備えた「種」としての人間には、本来的に共同体という自発的協力関係が埋め込まれている。

こうした人間と人間との自発的協力による結びつきである共同体的人間関係を社会システムと呼んでおくと、社会システムだけでは、人間の生存を安定的に維持していくことには限界がある。共同体的関係は顔見知りの直接的人間関係を前提とするため、共同体と共同体との間での共同作業の遂行は困難となるからである。

そのため、「水」という自然を制御する灌漑施設などの建設は、顔見知りの関係を超えた、強制的な共同作業を必要とする。中国を考えても、エジプトを考えても、はたまたメソポタミアやインダスに思いを巡らせても明らかなように、古代「国家」という強制力を背景にした支配・被支配という人間関係が、灌漑施設などを建設するために誕生する。

暴力という強制力を背景にした支配・被支配という人間関係を政治システムと呼び、政治システムが存在し始めたといっても、市場社会が成立するまでは、支配・被支配という政治システムは、共同体的人間関係である社会システムと不可分に結びついていた。人間が「協力」して自然に働きかけ、人間の存在に必要な有用物を取り出す経済行動も、市場社会が成立するまでは、領主の命令にもとづきながらも、共同体的慣習に従いながら実施されていた。つまり、政治システムも社会システムも、さらには経済システムも、それぞれが不可分に融合しながら機能していた。それだからこそ、教育も分裂せずに、統合した機能とともに遂行されていたのである。

市場社会が成立するということは、経済システムが分離して、政治システム、社会システムという三つのサブ・システムが析出してくることを意味する。封建社会で領主を管理している役人の行為は、支配するという政治的行為なのか、経営管理という経済行為なのか不可分のままである。ところが、市場社会が成立すると、領主の支配者としての役割から、財・サービスの生産を管理する機能が抜け落ちてしまう。

経済システムが政治システムと分離するということは、領主が「家産」として所有していた領土と領民を失うことを意味する。つまり、市場社会が成立するということは、領主が所有していた「家産」を私的所有に分割し、「土地」、「労働」、「資本」という生産要素に、私的所有権を設定して、要素市場での取引が行われることを意味するのである。

市場社会が成立するということは、「土地」に代表される自然、人間の行動である「労働」という本源的生産要素に加えて、「資本」という生産要素を取引する要素市場を抱え込む社会が誕生することを意味する。人間の労働によって作り出した生産物を取引する生産物市場についていえば、人間の歴史とともに古くから存在しているからである。

ところが、要素市場が成立すると、人間の生活と生産が分離する。生産機能と生活機能の両方を統合していた家族が、生産の主体である「企業」と、消費の主体である「家計」に分離するからである。

要素市場が成立するまでは、人間が自然に働きかけて生産物を作り出す経済活動が、領主の指令にもとづく共同体的慣習によって営まれていた。ところが、要素市場が成立すると、社会システムからも政治システムからも経済活動が抜け落ち、経済システム、政治システム、社会システムという三つのサブ・システムが分離するようになってくるのである。

6　財政による公教育の成立

市場社会が成立し、本来は一つに融合されていた経済、政治、社会という三つのサブ・システムが分離してくると、この三つを結合する接着剤が必要となる。それが「財政」なのである。

もちろん、分裂した三つのサブ・システムを統合していく責務は、政治システムが負う。政治システムは、社会統合の使命を果しながら、自己組織を維持していくことになる。

ところが、市場社会においては、政治システムは社会秩序を維持し、社会統合を目指す政治活動を実施する資源を所有していない。なぜなら、生産要素に私的所有を認めたために、土地も労働も私的に所有され、政治システムは、土地も労働も所有しない「無産国家」となっているからである。

そこで政治システムは、生産要素の所有者である被支配者の同意を得て、経済システムが生み出す果実の一部を、強制的に貨幣として徴収する。こうして政治システムが経済システムから強制的に徴収する貨幣が「租税」である。こうして市場社会が成立すると租税が登場し、財政が誕生することになる。

社会システムから「忠誠」を調達し、社会統合を確実にするには、政治システムが暴力を独占しさえすれば可能になるわけではない。確かに政治システムは、正当な暴力の行使を独占している。

しかし、赤裸々な暴力を政治システムが常に発動していれば、社会システムからかえって「忠誠」が調達できなくなる。社会秩序を維持するために、頻繁に暴力を発動すれば、社会システムはかえって反抗するからである。

それだからこそ、アダム・スミスは防衛、司法に加え、政府の「第三の義務」として、「公共事業と公共施設」を指摘し、財政による教育の提供を提唱したということができる。というよりも、市場社会とともに、財政を通じる教育つまり公教育が成立する。もちろん、市場社会とともに財政が成立することを考えれば、財政を通じる公教育が、市場社会以前の前近代社会に存在しないのは当然のことである。

教育を社会の構成員を社会の構成員として育成していく活動と捉えると、社会における人間の活動全般から、人間は社会の構成員として育成されていくことになる。したがって、市場社会以前にも教育が存在したどころか、既に述べたように、教育は分裂現象を起こさずに遂行されていたのである。

市場社会になると教育が分裂現象を起こすといっても、経済システムでの経済活動も、政治システムでの政治活動も、人間の生活が営まれる社会システムでの生活活動あるいは社会活動も、いずれも人間を社会の構成員として育成する教育機能を備えている。しかし、市場社会以前の社会では教育は共同体のもとで統合して実施されていたのに、生産機能と生活機能を統合していた共同体から生産機能が抜け落ちるにともない、共同体つまり社会システムでは生産能力の教育はできなくなる。

しかも、経済システムでの生産活動は単純化された労働となり、教育機能を喪失することは、アダム・スミスの指摘どおりである。もちろん、地域社会が担っていた教育機能も低下する。一定年齢になると家族から離れて同年輩の地域社会の青少年が集団生活をする、若衆組などの仲間集団も姿を消してしまう。地域社会での共同作業あるいは行事や祭事を通じての知識や生活規律を伝承する教育機能も急速に衰える。

こうして市場社会になり、教育の分裂現象が生じると、政治システムの統制のもとに、財政を通じる公教育が成立する。もちろん、社会システムのもとでの家庭教育などと呼称される教育も、経済システムにおける企業内教育も存在する。しかし、市場社会での教育では、財政による公教育が社会統合のために、その中心に位置することになる。

注

(1) 折原(一九七一)、一五六―一五八ページ参照。
(2) 折原(一九七一)、一五七ページ。
(3) 折原(一九七一)、一五七ページ。
(4) 宇沢(二〇〇〇)、一二五ページ。
(5) 宇沢(二〇〇〇)、一二四ページ。
(6) Becker (1964) 参照。
(7) 小塩(二〇〇三)、四五ページ参照。
(8) 小塩(二〇〇三)、八ページ。
(9) 小塩(二〇〇三)、九ページ。
(10) 小塩(二〇〇三)、九ページ。
(11) Smith (1776)、訳書(三)三九五ページ。
(12) Smith (1776)、訳書(四)一三ページ。
(13) Smith (1776)、訳書(四)二三ページ。
(14) Smith (1776)、訳書(四)二三ページ。
(15) Smith (1776)、訳書(四)四九ページ。
(16) Smith (1776)、訳書(四)四九―五〇ページ。
(17) Smith (1776)、訳書(四)五二ページ。
(18) Smith (1776)、訳書(四)五二ページ。

(19) Smith(1776)、訳書(四)五二―五三ページ。
(20) Smith(1776)、訳書(四)五三―五四ページ。
(21) Smith(1776)、訳書(四)五四ページ。
(22) Smith(1776)、訳書(四)六〇ページ。
(23) Smith(1776)、訳書(四)五一ページ。

第三章　学校教育の展開

1　公教育の誕生

市場社会では全体としての社会が経済、政治、社会という三つのサブ・システムに分裂してしまうので、政治システムが社会統合を果すために、教育を掌握する。市場社会以前の前近代社会では、生産能力も生活能力も、さらには政治能力も、共同体での生活に参加することで身につけることができたのである。

しかし、市場社会になると人間の生活が営まれる社会システムから、経済システムが分離して、生産活動が抜け落ちる。しかも、市場社会での経済システムでは、市場社会前のように「多様な仕事」は実施されず、「ごく単純な作業」に限定されてしまう。「特定職業」に必要な能力は、「知的、社会的、軍事的な徳性を犠牲にして獲得される」ことになる。

こうした状態を政治システムが放置しておくと、「人間性の高度な部分を打ちこわされること」になる。そうなると、無秩序を引き起こし、反乱や暴動が生じて、社会統合が困難となる。

市場社会以前の前近代社会では、農業が基軸産業となっている。「生ける自然」を原材料とする農業では、「生ける自然」に関する広く深い知識と理解力を必要とする。しかも、こうした広く深い知識と理解力は、生産能力や生活能力と結びついた知識であり理解力でもある。

ところが、市場社会の基軸産業である工業では、「死せる自然」を原材料としている。そのため工業では高度化するにともない、専門知識が必要になることはあるといえ、狭く浅い知識しか要求されないといってよい。

したがって、市場社会の成立とともに、政治システムが財政を通じて提供する教育つまり学校教育の目的は、経済システムでの生産能力、つまり労働能力の向上に重点があったわけではない。学校教育の目的はむしろ、政治システムそのものの使命である社会統合のための「国民の形成」にあったといってよい。

もっとも、教育が社会の構成員を育成することにある以上、市場社会が三つのサブ・システムから構成されることと対応して、市場社会における教育も、三つのサブ・システムの構成員として育成するという使命を担わざるをえない。つまり、次の三つの使命を、市場社会の教育も担うことになる。

一つは生産の「場」としての経済システムの構成員として、生産能力あるいは労働能力を育成するという使命である。もう一つは生活の「場」としての社会システムの構成員として、生活能力を育成するという使命である。最後の一つは政治システムの構成員として、つまり国民としての統治能力を育成する使命である。

最後の一つは両義性をもっている。民主主義では被統治者が統治者となる。そのため国民に統治者として政治に参加する能力と、被統治者として政治に服従する能力との両面を育成しなければならない。つまり、政治決定に参加する能力と、政治決定に服従する能力を身につけさせる必要がある。このいずれの側面に重点を置くかによって、統治能力を高める教育が相違することになる。

しかし、政治システムが公教育を担うといっても、人間の生活が営まれていた社会システムの教育機能をすべて吸収できるというわけではない。人間の生活能力は家庭教育として、社会システムに委ねられる。

同様にして経済システムに必要な生産能力も、企業内教育として経済システムにも委ねられる。とはいえ、市場社会になると、政治システムが三つのサブ・システムに分裂していく社会の構成員を、全体としての社会の構成員に統合していくために、公教育つまり学校教育を展開していくのである。

2　教育目的としての国民形成

公教育としての学校教育は、市場社会における教育の分裂現象とともに成立する。もっとも、市場社会以前の前近代社会にも、学校が存在しなかったわけではない。「学校（school）」とはギリシャ語のレクリエーションやレジャーを意味する言葉に由来する。しかし、こうした学校は聖職者が聖典を読むための教養を身につける「場」という色彩が強く、限定された社会の構成員しか利用しなかったのである。

しかも、市場社会以前に存在していた学校という教育組織は、限られた社会の構成員が利用するだけでなく、特定の身分と結びついていた。それは大きく、次の三つに分類することができる。

第一に、日本の藩校のように、支配階層のために教養を教授する学校である。

第二に、聖職者、医師、法律家などの専門的職業を育成するために、専門的知識や技術を教授する学校である。

第三に、寺子屋のような一般民衆のための学校である。

しかし、こうした学校は、いずれも「公」の学校ではない。寺子屋はもとより、藩校も上杉家などの封建領主が設けた私的な学校であり、江戸幕府の設けた昌平黌でさえ、徳川家が設置した私的な学校なのである。

市場社会の成立とともに政治システムが財政を通じて公教育として学校教育を提供するのは、国民を形成し、社会を統合するためである。教育の学校化と公教育の成立は、市民革命によって社会システムと政治システムが分離していくことを前提としている。

それは教育が共同体という社会システムから分離され、政治システムに吸収されていくことをも意味している。

フランス革命期に公教育の整備に貢献したコンドルセ(Marie Jean Antoine Nicolas de Caritat Condorcet)は、「教育は市民に対する社会の義務である」と述べている。[(1)] つまり、学校を教会の手から分離して、教育に「公的」性格を付与することが主張された。ルソー(J. J. Rousseau)の言葉を使えば、教育は分裂状態にある国民を道徳的に統一すること、つまり「国民的形態」を確立する手段と見做されたのである。

とはいえ、こうした学校教育は、すべての国民を対象とすべきだと考えられたわけではない。ヴォルテール(Voltaire)は「無知な貧乏人がいるということは、わたくしには必要なことに思える」と述べ、「教育を受けることではなく、導かれることこそ民衆にはふさわしい。民衆は教育されるに値しないのだ」と唱えている。[(2)] 初等教育でさえ普及するようになると、教育の内容と労働とが不釣合いになり、生産的な労働が見捨てられ、農民も労働者もいなくなってしまうと考えられたのである。

もっとも、近代社会では政治システムに参加できた国民は、「財産と教養」ある市民に限定されていた。政治参加の条件である「教養」を授けるのが、学校教育だったといってもよい。もちろん、市場社会は人間を身分や家柄などの拘束から解放する社会である。したがって、教養を身につける学校教育の機会は、平等でなければならない。

ところが、学校教育を受けるには費用負担するための財産が必要となる。政府の「第三の義務」として義務教育を主張したアダム・スミスでさえ、それは料金による有料制度であった。そうなると、学校教育を受けるか受けないかによって人間を分別することが正当化され、政治システムにおける支配・被支配関係を、正当化する手段となってしまったのである。

3　公教育の義務化と無償化

市場社会とともに成立する公教育としての学校教育の目的が国民の形成にあったとするならば、市場社会の先進国であるイギリスよりも、先進国に追いつこうとする後進国のほうが国民形成を急ぎ、学校教育を重視していく。ドイツ、オランダ、スイスなどのヨーロッパ大陸諸国では、一九世紀中頃までに初等学校への全員入学が実現している。ところが、イギリスでは遅れ、ほとんどの学校が地方自治体の委員会のもとで、教会あるいは民間経営として運営されていた。そうした事態がイギリスで変化するのは、第二次大戦による軍隊の徴兵検査を待たなければならない(3)。

アメリカのように国民形成が重要だった国では、子供達を訓育するというピューリタンの信念も加わり、早くから学校教育が開始される。アメリカは一八五〇年代までにすべての州で、無料の初等教育が受けられるようになる。もっとも、それは義務ではなく、ほとんどの州で義務教育が導入されるのは、一九世紀後半になる。

イギリスでも一八三三年の工場法で、九歳未満の子供の労働を禁止し、一三歳までの子供の労働内容を一日九時間に制限するとともに、雇用する子供達に一日二時間の学校教育を義務づけている。しかし、イギリスが初等教育を義務制にするのは、一八七六年まで待たなければならない。しかも、初等教育を義務制にした目的というのも、浮浪化した子供たちを教化する必要に迫られたからであった。

下層階級には「地位や財産のある人々」が受ける「高い教育」は無理だとしても、「読み、書き、計算」のできる国民を形成する学校教育を政府が実施するというアダム・スミスの主張は、実現したとはいえない。むしろ「教育」は、家族やコミュニティという社会システムに委ねられていたといってよい。一八三四年の救貧法も、そうした教育機能を担う家族の崩壊を、防衛することが目的とされていたのである。

下層階級に「読み、書き、計算」の教育を実施し、政治システムへの忠誠を調達するという目的は、無償教育を条件とするといってよい。イギリスでは一八九一年から初等教育の授業料を財政によって肩代わりする制度が開始されたけれども、完全に授業料が廃止されたのは一九一八年のことである(4)。

先進国といえるフランスでも公教育の無償化は、一八八一年に実現するにすぎない。

ところが、前にも述べたように先進国に追いつこうとする後進国は、国民形成のために公教育の充実を急ぐ。日本でも初等教育を一八八六年(明治一九年)に義務制とし、一九〇〇年(明治三三年)には義務教育の授業料を原則的に廃止している。

もっとも、先進国が遅れたとはいえ、先進国にせよ後進国にせよ、公教育を義務化し、無償化することが出揃うのは、軽工業を基盤とした近代社会から重化学工業を基盤とする現代社会へと転換していく一九世紀後半のことである。それは近代社会から現代社会への転換にともなって、深刻化する社会問題を解消して、社会統合を図るためだったといってよい。

4 学校教育の両義性

近代社会から現代社会へと転換する一九世紀後半になり、公教育は大きく変化する。そもそも市場社会で社会統合を果そうとする公教育には、両義性があることは既に述べたとおりである。

身分制を否定し、民主主義にもとづく市場社会では、被支配者が支配者となる。しかし、民主主義が成立したといっても、共同社会の共同意志決定、つまり政治システムの決定に参加できる社会の構成員は、「財産と教養」のある階層に限定されていた。

公教育はこうした階層の分化を、「教養」によって正当化する任務を担った。ところが、初等教育が就学義務化されていくにともない、階層分化の「教養」による正当化という公教育の任務が動揺する。そこで初等教育に対して、中等教育と高等教育が「教養」を与える教育として位置づけられるようになる。

一九世紀後半から現代社会へ転換するなかで教育の世界にも大きな変化が起こり、教育の学校化が進むとともに、学校教育も両義性に揺らぐことになるといってよい。初等教育が就学義務化されると、中等教育が「教養」の対象となり、さらに中等教育は高等教育という「教養」への準備教育としても位置づけられる。

それだけではなく中等教育や高等教育にも変化が生じることになる。というのは、重化学工業化による工業技術の進歩にともない、富裕階層がより実践的な教育に関心を寄せるようになるからである。富裕階層の子供達のための中等教育は、「教養」を修得することにあった。しかし、一九世紀後半頃から経営者を中心に、顧客の要求や生産管理の技術進歩に応じた実利的教育が望まれるようになる。

もちろん、こうした要求は中等教育から高等教育へと波及していく。高等教育も統治や真理の探究のために必要な「教養」から、技術の高度化に対応した科学教育が要望されるようになるからである。

しかも、経営者層は労働者の職業教育にも関心を示すようになる。重化学工業化にともなって、高度な熟練技能や技術的知識が要求されるためではなく、組織が巨大化するにつれ、技術者や管理者を大量に必要とするようになったからである。

こうして一九世紀後半頃から、職業教育のための学校教育が拡大していく。フランスで一八八一年から一八八三年までに整備されたジュール・フェリー法は、より職業教育的な中等教育、より科学教育的な高等教育に対応したものといわれている。このジュール・フェリー法はフランスでの初等教育の無償制を定めている。

このように初等教育が就学義務制となり、無償制になると、高等教育や中等教育が富裕層のための「教養」教育としてだけではなく、職業教育と結びついて展開していくことになる。[5] しかも、一九世紀の後半頃から社会問題が深刻化していく。それは経済システムつまり市場経済の領域が拡大し、家族やコミュニティという社会システムの領域が縮小していくからである。

生産財を所有する農民や自営業者が減少する。さらには家族内の無償労働による生活領域での生産機能が衰退し、社会システムにおける共同作業や相互扶助が弱まると、疾病、老齢などの家族だけでは対応不可能なリスクから、家族で営まれている生活の破綻を防御できなくなる。それればかりか、共同体の構成員として共有しなければならない価値や信念を培養するために、実施されていた家族の教育機能が、急速に劣化していく。

そこで政治システムは下層階層に対しても、初等教育の就学義務を課し、かつ無償で提供することによって、社会統合を果そうとする。しかし、近代社会から現代社会への転換にともなって発生する社会問題は、単に社会システムの衰退によって、社会システムのセーフティーネットからこぼれ落ちる下層階層の存在だけに起因しているわけではない。

重化学工業化にともない所得の階層化が進み、所得分配の階層化により、社会システムに亀裂が生じることも深刻化する。市場社会では所得は生産要素市場で分配される。一九世紀後半になると、生産要素市場で所得を分配すること自体が不公正であるという社会主義思想も広まっていく。

そこで市場社会における所得分配を正当化するために、学校教育が動員される。つまり、生産要素市場による所得分配は学校教育による差異であり、それは能力にもとづく分配だと正当化されることになる。

こうして学校教育は両義性を強めることになる。一つは初等教育を義務として無償で提供することによって、社会の構成員に平等をもたらす意義である。もう一つは市場社会が生じさせる所得の不平等を正当化し、それを甘んじて認めさせる意義である。

5　イリイチの脱学校化

社会統合を目指す市場社会の学校教育が、権威と規律への服従を修得させていくことは否定しがたい。というよりも、サミュエル・ボウルズ(Samuel Bowles)とハーバート・ギンタス(Herbert Gintis)は、学校教育が経済的平等を推進する影響力を発揮していないと指摘している[6]。そうだとすれば、学校教育はむしろ権威と規律への服従を修得させ、それは経済システムの労働現場で要求される職場規律の順守と権威への服従を培養するることになる。

しかも、学校教育による成績での格差づけは、地位上昇へのインセンティブにもなるけれども、成績への差別を容認する諦めをも身につけさせる。成績の低位にいる子供が実感する無力感は、低賃金を甘受するしかないという諦めの態度をも身につけさせる。つまり、学校教育は不平等を甘受する態度を育成する仕組みともなっている。

イヴァン・イリイチ(Ivan Illich)の『脱学校の社会(*Deschooling Society*)』も、学校教育と、経済システムの要求する規律順守やヒエラルキーと関連があることを指摘する[7]。貧困な子供達は学校が自分達に何をしようとしているのかを、直観的に見抜いているという。学校は教えられることと、学ぶことを混同させてしまう。

健康という価値が病院という制度によるサービスによってもたらされると錯覚してしまうように、学習という価値も学校という制度によるサービスがもたらすと、倒錯して考えてしまうようになる。しかし、実際には子供達は、学校以外の体験を通じて、学校教育よりも多くの事柄を学んでいる。

学校教育への就学を義務化し、無償化することで、貧困層が平等を保障されるわけではない。というよりも、学校が存在するために、子供達が多くを学んでいる学校以外の社会制度が、教育に手を出すことを止めてしまう事態のほうが、教育にとって深刻である。しかも、学校教育の存在によって貧困層は、自ら学習する勇気を喪失することになる。

労働、余暇活動、政治活動、都市生活、さらには家庭生活までもが、教育制度から手を引いてしまう。イリイチは学校教育が既存の社会秩序の無批判な受容、つまり「受動的消費」を教える傾向が強いと指摘する。それは意識的というよりも、学校での教育規律による「隠れたカリキュラム」にもとづいて、子供達が「自分の居場所を知り、そこでじっとしていること」を教えていくからである。

イリイチは、確かに教育には技能の反復的練習(skill drill)という側面があるが、学校教育はすべての教科をカリキュラムに結びつけるため、技能を教授するうえでも効率が悪いと指摘する。

イリイチは修得した技能を開放的かつ探求的に使用する教育を、自由教育(liberal education)と呼ぶ。この技能を探求的、創造的に使用することについての教育は、反復的学習では効果がない。しかし、こうした自由教育でも、学校教育は効率が悪い。

その主要な原因は、学校教育の就学義務制にある。つまり、就学を義務づけ、教員集団のもとに強制的に収容させるからである。このことが多くの特権的集団を生み出してしまう。そうだとすれば、自由教育では就学義務制から解放されなければならない。

学校教育が平等性をもたらすこともなく、人間の創造性を発展させることもないとすれば、学校教育を容認する必要はない。イリイチの主張は児童期や青年期に限定されることなく、誰でもいつでもどこでも、教育資源を利用できる教育システムを形成する主張に結びつく。

6 「学び」の運動

市場社会では学校教育は、労働市場に参加する機会の平等を保障する前提だとされながら、逆に格差を創り出してしまうという意味で、両義的である。能力主義とは、教育が創り出す能力格差は正当であり、それによる所得分配は正当であるというイデオロギーである。

教育によって創出される格差を正当なものとするイデオロギーは、教育の機会平等を主張する。教育の機会平等という発想には、そもそも教育によって創出される格差は、正当であるということを前提としているのである。

教育による能力格差は正当であり、労働市場による所得分配を教育による能力格差にもとづかせれば、それは正当なものであるとされる。それが教育の機会平等を求める主張となる。

こうした学校教育の両義性を、イリイチの「脱学校化」の主張を継承しながら、克服しようとすれば、社会が教育それ自体の意義を取り戻すしかない。つまり、社会の構成員が人間として自ら「学ぶ」という運動を展開するしかない。

近代社会から現代社会へと転換する時期に、スウェーデンでは、社会の構成員が自ら「学ぶ」という国民教育運動が巻き起こる。日本と同様に後進国であったスウェーデンでは初等教育が早くから普及する。オックスフォード大学のケイザー(M. C. Kaser)は、日本とともにスウェーデンを、経済発展に先立って義務教育を発達させた例外的な国だと指摘している(8)。

スウェーデンでは、七歳から一四歳までの学齢人口の九〇%以上が初等教育に在学するようになるのは、一八八〇年のことである。日本がその水準に達するのは、一九〇九年のことである。

ところが、ケイザーによると、一八八〇年に一人当たりの国民総生産が、日本は一五〇ドル、スウェーデンは二一二ドルと、産業化に遅れをとっている。一人当たりの国民総生産は先進国であるイギリスでは一八六一年で五五〇ドル、フランスでは一八五一年に二五〇ドルとなっている。

このようにスウェーデンは一人当たりの国民総生産が二一二ドルの時に、学齢人口の九〇%以上が初等教育に在学するようになり、日本がその水準に達した時の日本の一人当たりの国民総生産は二五〇ドルにすぎなかった。しかし、イギリスが義務教育を実施した一八七六年には一人当たりの国民総生産は六五〇ドルを大幅に上回り、産業化に比して義務教育の実施は立ち遅れていたのである。

もっとも、日本は中等教育の就学率が一九一〇年に、早くも七・六％に達するけれども、スウェーデンは一九一〇年時点では三・〇％と、日本に遅れをとっている。しかし、中等教育の就学率では日本に遅れをとったとはいえ、スウェーデンでは国民教育運動として他に「学習サークル」運動が展開されていることを忘れてはならない(9)。

スウェーデンの議会の歴史は、一五四〇年代にまで遡ることができる。しかし、それはあくまでも、身分制議会であった。一八〇九年の憲法改正で立憲君主制と三権分立が確立するとはいえ、身分制議会が近代的議会に改められるのは、一八六五年から一八六六年にかけての議会改革を待たなければならない。

しかし、近代民主主義にもとづく議会が確立したとはいえ、政治への参加は、「財産と教養」のある市民に限定されていた。そこで一九世紀後半から、国民が自ら「教養」を身につけることによって、参政権を獲得していこうとする国民教育運動が展開していく。つまり、政治システムへの参加の条件とされている「教養」を逆手にとって、まさに「武器」として民主主義を発展させていこうとしたのである。

しかも、国民教育運動は、「教養」の獲得による政治システムにおける参政権の拡大という目的にとどまって展開されたわけではない。一九世紀後半は近代社会から現代社会への転換期にあって、世界的に転換期に生じる経済システムの停滞に苦悩していた。つまり、一八七三年にウィーンの株式市場が暴落して以来、一八九六年まで世界的に物価が下落し続けるという「大不況(the Great Depression)」が襲っていたのである。スウェーデンも一九世紀後半には経済的不況に苦しみ、深刻な「社会問題」が生じていた。スウェーデン国民の三分の一が、貧困に耐えることができずに、アメリカに移民をするという悲劇さえ演じられていたのである。

こうした経済的苦境は、仕事を終えた後に、酒に溺れ、自堕落な生活をしていたのでは克服できない。仕事を終えた後には、酒を断ち、働く者達が自ら「学び」合い、「教養」を高めることが必要だと考えられたのである。

「学習サークル(Studiecirkel)」は仕事を終え、酒を断って集う「読書サークル」から始まる。「学習サークル」の「学び」の手段は読書ではあるけれども、「自由な個人の集まり」による「自由な討議と会話」で進められる[10]。

こうして「学習サークル」によって進められる国民教育運動は、禁酒運動と絡み合いながら展開する。もちろん、「学習サークル」は政治システムにおける「教養」を武器とした民主主義を推進する運動として展開するため、労働運動さらには自由教会運動と結びついていた。

このように、「学習サークル」運動によって推進される国民教育運動は、政治システムにおいて民主化を進め、経済システムにおいて不況を克服する手段としての意義をもっていたのである。しかし、「学習サークル」運動ではあくまでも「学び」が手段としてではなく、目的として位置づけられていることを忘れてはならない。

7 学校教育から「自己教育」へ

「学習サークル」の「生みの親」ともいうべきオスカル・オルソン(Oscar Olson)は、教育を「我々における真の人間性、即ち、我々をして他の生物より上位に置き、我々を本来の意味で人間とする所のものを発達させること」と定義している。(11) オルソンによると教育とは、人間を動物と弁別して、人間を人間たらしめる真の人間性を発展させることにある。

オルソンは真の人間性を、人間が生きていく上で直面する問題を主体的に解決していく問題解決能力にあるとしている。人間は生きていく上で、直面する諸々の問題を主体的に解決していく。しかも、人間はこうした問題の解決方法を選択する過程で、問題解決能力を高めていく。人間は生きていく上での問題を主体的に解決していく過程で、自己の問題解決能力を高め、未知の問題に遭遇しても、それを解決する能力を培っていくとオルソンは考えていたのである。

このように教育を考えるオルソンによると、「教養」とは、人生における問題解決能力を意味する。したがって、「教養」とは知識を量的に獲得することではない。「教養」とは「知識の量」ではなく、「知識の力」だと、オルソンは主張する。つまり、知識を身につけることよりも、知識を身につけようとする主体的意志や身につけた知識を活用して、生きていく上での問題を解決する能力を、オルソンは「教養」として重視したのである。

『児童の世紀(*Barnets århundrede*)』を著したエレン・ケイ(Ellen Key)も、「教養」とは単なる知識の修得ではなく、諸種の精神的要素が調和を保ちつつ発達することだとしている。[12]このように「教養」を考えるケイは、オルソンの推進する「学習サークル」を、「人民のための人民による教育」と位置づけたのである。

このように「教養」を生きていく上での問題解決能力とし、それを身につけることが教育だとすれば、教育の「場」は学校教育に限られない。経済システムでの生産活動も、社会システムで営まれる生活活動も、それ自体で生きていく上での問題解決能力を高めるからである。

オルソンは経済システムでの生産活動から得られる「教養」、つまり職業生活で労働に従事することから学ぶ「教養」を重視している。職業生活における職務遂行を通して獲得する知識や理解力は、職務や職務にかかわる知識や理解力にとどまらず、自然現象や社会現象を捉える知識や理解力にもなっていく。ところが、市場社会の経済システムで要求される職業能力は、機械に従属した単純作業を遂行する職務能力にすぎない。そうなると、職務遂行によって獲得できる「教養」、つまり生きるための問題解決能力には限界がある。ましてや生産と生活が統合されていた市場社会以前の前近代社会のように、生産活動を通じて生活能力をも統合的に身につけるような条件は喪失している。そのために生活活動すら荒廃してしまうことになる。

アダム・スミスが学校教育の必要性を、政府の義務として説いたのも、職務遂行を通じては身につけることのできない「教養」を、学校教育が肩代わりして与えることにある。ところが、オルソンは学校教育には必ずしも期待しない。オルソンが重視するのは、「自己教育」である。

人間は生産活動や生活活動を通じて、つまり生きる過程で自らの問題解決能力を身につけていく。オルソンは「すべての教育活動は、結局、自己教育活動なのであり、それはけっして完成されない仕事なのである」[13]と主張する。

ところが、学校教育では教師が権威者として、一方的に生徒に教え込む。つまり、学校教育では人間が主体的に「学ぶ」という自己教育が否定されてしまうのである。

学校教育と相違して、オルソンが進める「学習サークル」は「自己教育」にもとづくことになる。「学習サークル」では生徒の問題関心に従って、読書の対象が選択され、読書活動が進められる。しかも、読書活動は生徒と生徒、生徒と教師との「討議と会話」を通じて展開される。「学習サークル」では学校教育のように、教師が生徒に一方的に教え込むということはない。これがオルソンが自分が受けてきた学校教育を拒否し、苦しみ抜いた挙句に生み出した自己教育としての「学習サークル」なのである。もちろん、「自己教育」といっても、孤立して「学ぶ」ことを意味しない。「学習サークル」という自己教育は、「自由な個人」の集まりによって「学び合う」のである。

8　学校教育の再創造

国民大衆に対しては初等教育にとどめ、「教養」を授ける中等教育や高等教育を受ける階層に限定して、政治システムへの参加を認めることを正当化する学校教育に対して、国民大衆が自ら「教養」を身につけていくことで、大衆民主主義を実現するという意図が、国民教育運動に含まれていたことは間違いない。スウェーデンでは一九〇九年に男性の普通選挙制が実現し、一九二一年には女性の普通選挙権も導入されて、大衆民主主義が確立される。

スウェーデンの国民教育運動を担った「学習サークル」運動は、初等教育にとどまるか否かで、公教育としての学校教育が政治システムへの参加を制限することを正当化する役割を果していることを克服しようとする。つまり、学校教育ではなく、自己教育によって、民主主義の前提となる「教養」を身につけていこうとする。しかし、「学習サークル」運動は学校教育を否定的に克服していく側面をもちながらも、学校教育を社会システムが自主的に、下から創り出していく側面があったことを指摘しておかなければならないのである。

「学習サークル」はオルソンが所属していた禁酒団体のもとで、一八九四年から結成されていく。禁酒運動のもとで生み出された「学習サークル」は、一九〇五年頃から労働運動としても青年組織を中心に受け入れられていく。しかし、「学習サークル」運動が飛躍的に拡大していく契機は、一九一二年に「労働者教育連盟(Arbetarnas Bildningdförbund)」が結成されたことにある。

「労働者教育連盟」は「学習サークル」運動のセンターともいうべき機能を果すもので、労働運動における教育活動の指導者だったサンドレル(Richard Sandler)の強力なイニシアティブのもとに結成された。

「労働者教育連盟」は社会民主労働党に加えて、「労働組合運動中央組織(Lauds Organisation)」と生活協同組合の全国的組織の三者が自発的に参加して組織として設立されたものである。サンドレルはオルソンと相違して、学習サークルの「討議と会話」による自己教育よりも、国民高等学校での講義形式による授業のほうが、効率的な教育を実施できると考えていたのは事実である。

しかし、サンドレルが「労働者教育連盟」の設立を強力に推進したのは、オルソンとの教育形成の考え方の相違というよりも、「学習サークル」運動に政府の補助金を導入しようとしたからである。そのために社会民主労働党という政党に加え、労働組合と生活協同組合の全国的組織を結集した組織を結成する必要があったのである。

つまり、「学習サークル」運動のセンターを創設するということは、とりも直さず「学習サークル」という自発的教育組織に、補助金という公的資金を財政から流し込むことをも意味していた。それは自発的教育組織を公的教育として位置づけることを意味していたのである。

サンドレルが「学習サークル」の「討議と会話」形式よりも、国民高等学校の講義形式を重視していたことは、自発的教育組織を公的教育として位置づける思想をも反映していると考えてもよい。サンドレルは国民教育運動として、国民高等学校運動を推進していく。

国民高等学校運動は、一九世紀前半からデンマークのグルントヴィ(Nikolai Frederik Severin Grundtvig)によって始められたものである。したがって、国民高等学校運動の歴史は「学習サークル」よりも古い。それは「教養」を身につけた地主や都市ブルジョワ層に対して、人口の八割を超える農民層が「教養」を身につけるために、中等教育としての高等学校を自発的に創り出そうとする運動であった。

「教養」を身につけていない国民が、同一の政治的権利の獲得を目指して、自発的に

「教養」を身につけようとした点では、「学習サークル」運動も国民高等学校運動も同じである。さらに国民高等学校運動で、既存の学校教育や高等教育で授けられる「教養」が、真の「教養」ではないとされた点も同じであった。

グルントヴィによれば、既存の中等教育や高等教育で身につける「教養」は、ラテン語という「死んだ言語」を学ぶ「死の学校」である。それに対して国民高等学校は、真の「教養」を学ぶ「生の学校」であるとされた。

しかし、「学習サークル」運動が学校教育を否定的に克服しようとするのに対して、国民高等学校運動はあくまでも学校教育の形式を踏襲する。しかも、寄宿制を導入し、効率的に教育期間を短縮して、「教養」を身につけようとする。

スウェーデンでは一九世紀後半になって、一八八六年に三つの国民高等学校が設立されて、国民高等学校運動が本格的に展開していく。しかも、スウェーデンではデンマークと相違して、農民層だけでなく労働者にも門戸が解放された国民高等学校も設立される。このように、スウェーデンでは労働運動とも結びつきながら、国民高等学校運動が国民教育運動として繰り広げられていったのである。

「学習サークル」運動と国民高等学校運動とは、学校教育に対するスタンスに相違があるとはいえ、相互に結びつきながら、「学習サークル」運動と国民教育運動とを車の両輪として推進していく。それは国民高等学校運動を推進したサンドレルが、「学習サークル」運動のセンターとしての「労働者教育連盟」の創設に、イニシアティブを発揮したことが如実に物語っている。

国民高等学校の講義形式よりも、学習サークルの討議と会話による教育を重視したオルソンも、学習サークルと学校教育との協力による教育を提起している。学校教育と学校以外の社会組織が、自発的に協力し合いながら、生涯にわたって「学ぶ」ことを可能にしなければならないと、オルソンは考えていたのである。

オルソンの唱える「自己教育」とは「完成されない仕事」であり、人間が「生きる」ということとほぼ同義であった。だからこそオルソンは「教育が完了したという人間は、既に精神的に死んでいる」[14]と唱えていたのである。オルソンは学校教育を「無条件に、生涯にわたり連続し途切れることのない教育活動の自然な入り口として組み込まれるべき」[15]ものと位置づけている。

学校教育は教育の「入り口」としてだけでなく、社会システム全体における教育機能のセンターとして位置づけられなければならないとする考え方こそが、スウェーデンにおける国民教育運動から学ばなければならない教訓である。しかも、学校教育そのものが社会システムの自発的教育機能に支えられて創り出されない限り、学校教育の両義性を克服することはできないという真理をも教えている。

注

(1) Ariès(1972)、訳書一九一ページ参照。
(2) Ariès(1972)、訳書一九八—一九九ページ参照。
(3) Giddens(1989, 1993, 1997, 2001)参照。
(4) 義務教育の展開については、市川・林(一九七二)、一七八—一七九ページ参照。
(5) こうした点については、Ariès(1972)、訳書一九八—二〇六ページ参照。
(6) Bowles and Gintis(1976)参照。
(7) Illich(1970, 1971)参照。なお、Giddens(1989, 1993, 1997, 2001)も参照されたい。
(8) この点については、市川・林(一九七二)、七二ページ参照。
(9) 初等・中等教育の国際的展開については、市川・林(一九七二)、七〇—八一ページ参照。
(10) 学習サークルについては、神野(二〇〇二)、一四七—一五〇ページ参照。
(11) 本節および次節については、石原(一九九六)に多くを負っている。ついで参照されたい。
(12) エレン・ケイの『児童の世紀』については、松崎(一九八五)を参照。
(13) 石原(一九九六)、三四九ページ。
(14) 石原(一九九六)、三四九ページ。
(15) 石原(一九九六)、三六一ページ。

第四章　学校教育の行き詰まり

1　学校教育の失敗

日本の学校教育は、高く評価されてきたといってよい。しかし、こうした日本の学校教育の高い評価は、第二次大戦後の急速な高度経済成長、つまり世界の最先端にまで躍り出た重化学工業化の成功の物語と不可分に結びついている。

第二次大戦後に日本が重化学工業化を実現しながら、驚異的な経済成長を達成したのは、明治維新以来、市場社会を形成していく過程で、学校教育を重視してきた結果だとして注目されてきた。既に指摘したようにケイザーは、スウェーデンとともに日本を、経済発展に先立って義務教育を展開させた例外的な国だということを、計量的に明らかにしている。

もっとも、それは日本が後進国として、学校教育による国民統合を急速に図る必要があったからである。しかも、後進国であるが故に、支配階層に対して「教養」を授ける教育としての中等教育や高等教育をも早いテンポで充実させていく。[1]日本の中等教育の普及は、スウェーデンを上回る速度である。しかも、高等教育への

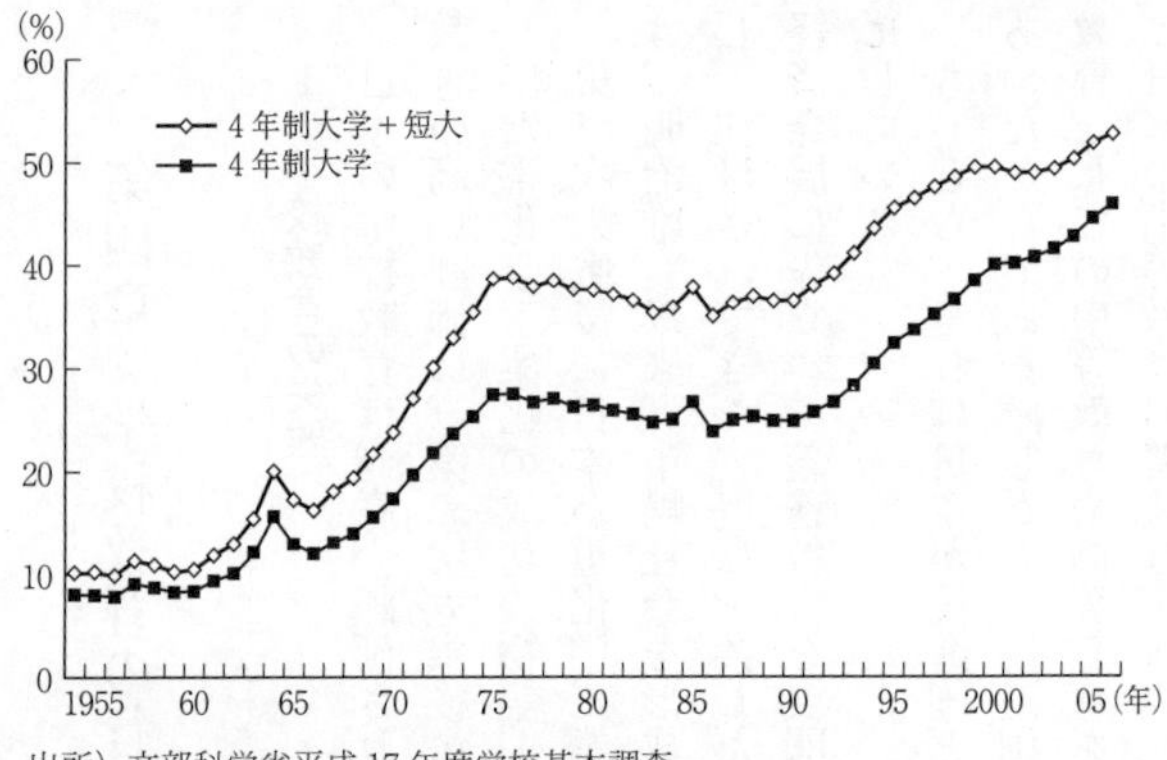

出所）文部科学省平成17年度学校基本調査

図7　大学進学率

準備教育として「教養」を授ける中等教育とともに、職業教育としての中等教育をも早期に導入していく。そのため日本が、経済発展に先行して学校教育を整備したことが、日本の急激な経済成長を実現したと評価されるようになる。

昭和三〇年代、日本が高度経済成長を誇っていた頃にまとめられた一九六二年（昭和三七年）の『教育白書』は、「これまでのわが国の教育が経済発展に寄与した功績はきわめて高く評価されてきている」と述べ、「わが国の教育に対する高い評価は、過去の国民の教育への熱意と努力に帰せられる」と自讃している。しかも、第二次大戦後には**図7**のように、高等教育が急速に普及していく。それも第二次大戦中から理工系の高等教育を拡充させたことが、第二次大戦後の急速な重化学工業化のうちに実現する高度経済成長へと結びついたとの評価が生まれたのである。

もっとも、日本の急激な経済成長が学校教育の成果であったかどうかは疑わしい。しかし、ともかくも日本の驚異的な高度経済成長が、学校教育と結びつけて理解され、日本の学校教育が称賛されたことは、事態が逆転すると、逆の評価に結びつくことになる。つまり、日本の高度成長が行き詰まれば、たちまち日本の学校教育の罪があげつらわれることになる。

というよりも、高度経済成長とともに重化学工業化によって工業社会が爛熟していくと、戦後日本の経済システムに学校教育の失敗として見做されてしまうような社会病理現象を生み出していく。そのため学校教育が全体として経済システムの要求を実現していないという学校教育批判が噴出することになる。

そうした批判の対象とされた学校教育の失敗は、大きく二つにまとめることができる。一つは、学校教育が経済システムの求める社会統合機能を果していないという失敗である。これは社会の構成員としての共通の価値観や社会的態度を身につけさせて、社会統合機能を担うという使命のある義務教育の機能不全として認識される。

もう一つは、第二次大戦後に急速に拡大し、高度経済成長を支えたとまで評価された高等教育の失敗である。「象牙の塔」である高等教育つまり大学教育が大衆化したが故に、「革命の予行演習」としての「大学紛争」が発生している。[2] 高等教育は経済システムに、専門的技術者を提供するどころか、経済システムを破壊しかねないと経済界には認識されたのである。

2　統合機能の破綻

日本では第二次大戦後に、義務教育に前期中等教育つまり中学教育を加える。こうした初等教育と前期中等教育、つまり小学教育と中学教育が義務教育として、国民統合機能を果していくことになる。

日本では第一次大戦後の大正期頃から重化学工業化にともない、熟練工を確保するために、企業内に技能工の養成学校が設けられていく。つまり、日本では熟練工を囲い込むために、それぞれの企業が、義務教育修了者を対象として、企業内に「工手学校」などと呼ばれる技能員の養成学校を設置したのである。

このように企業ごとに熟練工が養成されると、その熟練は汎用性をもたない。技能工の熟練は、その企業でしか通用せず、熟練技能工を企業は囲い込むことができたのである。

第二次大戦後の重化学工業化の過程でも、企業は義務教育修了者を対象とした企業内の養成学校によって、技能工の基幹工を養成していく。つまり、技能工の基幹は、あくまで自社の養成学校の修了者とする一方で、生産規模が拡大していくにともない必要となる技能工は、中途採用の見習工によって確保したのである。

中途採用の見習工は雇用契約を年々更新し、長期にわたって問題も起こすことなく勤務すれば、正規従業員として登用される。もちろん、それは景気状況によって従業員数を弾力的に確保するためのバッファーとして利用するためである。

ところが、高度経済成長が持続すると、継続的に従業員数の拡大を図らなければならなくなる。そうなると見習工が正規従業員として登用されるまでの見習期間は、急速に短縮されていき、ほぼ一年の見習期間で、勤務上の問題がなければ登用されていくことになる。

しかも、高度成長による労働需要の拡大は、企業内の養成学校修了者のみを基幹工と位置づけることを困難にしていく。というよりも、そもそも養成学校が受け入れる対象である中学卒業の義務教育修了者は、高度成長によって激減してしまうのである。

高度成長が所得水準を上昇させることによって、高学歴への志向性が強まる。義務教育を修了した後に、後期中等教育、つまり高等学校に進学する者が図8に示したように激増していく。義務教育修了者は「金の卵」あるいは「ダイヤモンド」と称されるようになる。

もっとも、第二次大戦後の重化学工業化の過程では熟練が奪われていく。熟練を必要とする汎用機は、熟練を必要としない専用機を並べた上で、自動化されていくことによ

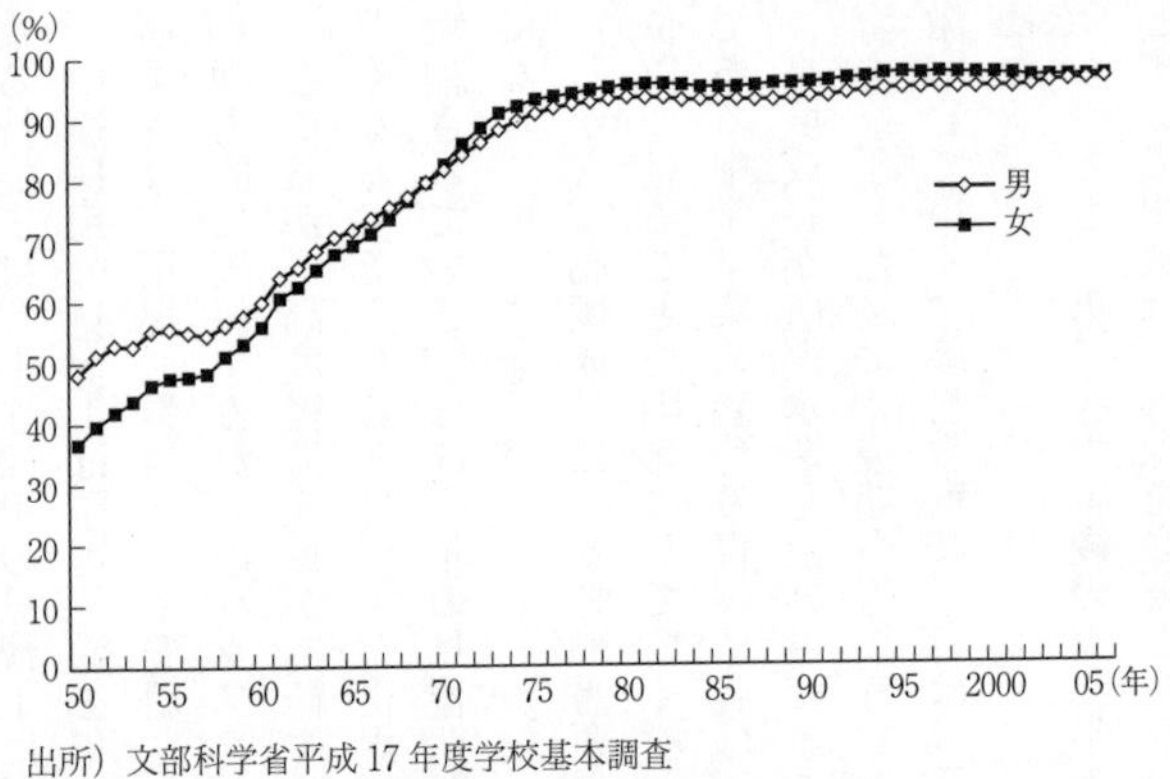

出所）文部科学省平成17年度学校基本調査

図8　男女別高校進学率

って置き換えられる。つまり、自動化され、同時化されたベルト・コンベアーに、単純労働が配置されることに象徴されるような大量生産方式が確立されていく。

作業工程は分割化、連続化されるとともに、テイラー主義にもとづいた「科学的管理法」が取り入れられていく。時間研究、動作研究にもとづいた科学的管理のもとでは、労働者は熟練を奪われ、分割化された課業を遂行する「機械」として設定されてしまう。

しかし、驚異的な高度成長は、昭和四〇年代に入るや若年層の労働市場を逼迫させる。こうした労働力不足経済への転換は、後期中等教育修了者を大量に技能工として採用する事態を生み出したのである(3)。

つまり、これまでの義務教育修了者を技能工に、後期中等教育修了者を事務職・技術者に採用するという関係が崩れてしまう。後期中等教育つまり高等学校は、大学教育という高等教育への準備教育としての教養教育、あるいは専門的技術教育と位置づけられてきたけれども、その修了者が大量に技能工として投入されていく。

ところが、技能工の作業は単純化され、技能工は「機械化」されている。しかも、若年労働市場は需要過剰となっている。そこで昭和四〇年代になると、若年労働者の大量退職が発生する。新規に採用した後期中等教育修了者つまり高等学校修了者は、一年も勤務しないうちに三割が退職するという異常な事態が、重化学工業の戦略産業である自動車産業では発生する。しかも、三年も経過すると、新規高校卒者の三割しか作業員として残らないようになる。

そうなると、新規高校卒を大量に採用しなければならなくなる。こうして高校卒の大量採用、大量退職の悪循環が形成されていく。このような大量採用と大量退職の悪循環は、採用コストの上昇をもたらすだけでなく、作業者の必要人員を確保すること、つまり工数確保をも不安定にする。連続化された生産工程では、ある工程で工数が確保できなければ、それが全体の生産水準を決定してしまう。そのため若年労働者の大量退職という危機を打開すべく、企業では若年従業員の定着のために全精力を集中していくことになる。

学校教育の使命は職務規律に従い、勤務に勤勉に励む人間形成にあると認識されている。若年作業員の大量退職という現象は、職務規律に従って勤務に励む人間形成に、学校教育が失敗していると理解されていく。

そうなると、こうした社会的機能を担う義務教育が、機能不全に陥っているとの批判が高まる。教員が本来の任務を忘れ、組合活動に明け暮れているからだと学校教育が断罪される。そのため「教育の原点」を忘れた学校教育を正すという理由のもとに、道徳教育の導入などが図られていくことにもなったのである。

3 動機づけとしての企業教育

そこで日本の企業は、学校教育に期待する機能を、企業教育で吸収していこうとする。若年技能工の定着性を確保するために、賃金をインセンティブとして引き上げることは、既に困難となっていた。賃金を引き上げても、大量退職という事態は変わらない。そのため生産工程で工数を確保するため、季節工に代表される期間工を大量採用していく。期間工の大量採用は、期間工の賃金を上昇させる。しかも、スポット市場ともいうべき期間工の労働市場では、賃金上昇は急激となる。そのため定期採用の技能工が五年以上も勤務して初めて手にする賃金を、期間工の賃金が上回るという異常な事態が生じてしまう。

賃金の引き上げが大量退職を阻止する対策として意味をなさないのは、大量退職が人間の「機械化」への拒否として生じているからである。そこで定着性を高める対策として、企業教育が展開していく。

定着性向上のための対策として展開する企業教育を支えた背後理論は、マズロー(Abraham H. Maslow)の欲求段階説[4]を踏まえたマグレガー(Douglas McGregor)やハーズバーグ(Frederick Herzberg)などの後期人間関係論であった。つまり、人間の「機械化」が大量退職に結びついているとして、労働者を合理的な機械モデルとして設定するのではなく、人間の非合理的側面を考慮したモデルで経営、管理に組み込もうと企図したのである。

マグレガーはX理論とY理論という対立概念を用いて、人間を「機械モデル」として位置づける経営管理を克服しようとする。[5]これまでの経営管理が前提としている人間観を、マグレガーはX理論と定義する。X理論では人間は本来、怠惰であり、「働くこと」を嫌悪するという人間観に立脚する。そのためX理論では、人間を「働くこと」に従事させるには、「飴と鞭」が必要となると考えたのである。

テイラー主義にもとづく「科学的管理法」でも、遂行する職務を時間研究や動作研究で単純作業に分解した上で、職務遂行者を「飴と鞭」で働かせようとする。つまり、職務を命令によって強制し、命令どおりに職務を遂行しなければ、処罰という鞭を加え、命令どおりに職務を遂行すれば、金銭的報酬という「飴」を与えて強制しなければならないと想定されていたのである。

これに対してY理論の人間観は、人間には生来的に、自発的に労働する意欲があるという人間観である。人間を本来、怠惰ではないと考えるY理論からすると、仮に労働を嫌悪する怠惰な人間が存在しているとすれば、それは適切な動機づけが与えられていないからだと認識する。つまり、人間は適切な動機づけさえあれば、驚くほど勤勉に働こうとするという人間観が、Y理論なのである。

Y理論の立場に立つと、賃金や処罰よりも、職場における存在の認知や、自己の能力を職務遂行によって発揮しているといった社会的欲求、自我欲求、自己実現欲求という高次欲求の充足による動機づけが重要となる。つまり、「働きがい」を適切に設定しなければならないことになる。

ハーズバーグは労働に対する誘因を、衛生要因と動機づけ要因の二つに分類する。(6) 衛生要因とは賃金、職場規則などの労働条件をいう。動機づけ要因とは職場での認知、職務そのものの責任や達成感、職位の昇進などを意味する。労働意欲を引き出すのは動機づけ要因で、衛生要因は不満と結びついても、労働意欲を生み出すことがないと、ハーズバーグは主張する。

こうした後期人間関係論にもとづきながら、日本の企業は昭和四〇年代に、企業教育体系を整備していく。従業員は入社してから、「新入社員教育」をスタート台として

「初級技能員教育」、「中級技能員教育」、「上級技能員教育」、「管理者教育」と、企業内での昇進に対応して、職場から一定期間、離れて集合教育を受講していく。つまり、従業員は集合教育を受講しながら、人間として成長していくことを実感し、それが昇進と結びつけられていく。企業教育で成長し、かつ昇進していくことによって、従業員は目標を保って職務に臨むことができ、その企業に定着していくと考えられたのである。

こうした職務遂行を離れた集合教育は、「職場外教育(off JT = off-the-job training)」といわれる。もちろん、技能工ではなく、事務職、技術職であれば「新入社員教育」、「初級事務技術員教育」、「中級事務技術員教育」、「上級事務技術員教育」、「管理者教育」と体系づけられることになる。

しかし、「職場外教育」の目的は、職務遂行能力そのものを向上させることにはなかったといってよい。職務は分断化され、単純化されたものにすぎなかったからである。というよりも、「職場外教育」は、学校教育が担うべき「教養」教育だったということができる。もちろん、学校教育で教授される「教養」とは内容が相違し、企業内での「常識」としての「教養」という色彩がないわけではない。しかし、「職場外教育」は学校教育での「教養」を再教育するという性格を備えていたのである。

それは「職場外教育」の目的が、職務あるいは昇進への動機づけにあったからである。単純化された職務遂行能力は、実際に職務を遂行することによって簡単に身につけることができる。つまり、職務遂行を通じた「職場内教育(OJT＝on-the-job training)」で達成可能だったのである。

新入社員教育にしても、職務遂行能力そのものを身につけさせることを目的としていたわけではない。「職場内教育」に対して「職場外教育」としての新人社員教育は、短期間のうちに学校生活とは相違する職業生活へ「適応」させることが目的となる。もちろん学校教育でも規律と服従を身につけてくる。それ故に長時間を要する職務規律の順守や指令への服従も、短期間の知識教育で済ませることができると考えられたのである。

しかし、その新入社員教育も、昭和四〇年代には長期化させ、学校教育を補完していこうとする。というのも、学校教育で身につけるべき、規律順守や指令服従の生活態度が修得されていないために、大量退職が生じていると認識されたからである。

昭和四〇年代には日本の企業は、学校教育あるいは公教育を肩替わりしようとする。つまり、「認定職業訓練校」が企業内に設置されていく。

公共職業訓練は狭義では学校教育とはいえない。しかし、職業教育における公教育としては位置づけられる。後期中等教育の修了者つまり高校卒業者で事務職・技術職ではなく、技能工として採用された者は、入社すると、企業内の「認定職業訓練校」に入校することになる。

とはいえ、この職業訓練も、職務遂行能力を高めるため、つまり知的熟練を形成するために実施されているわけではない。もちろん、技能工の職務は単純化されているとはいえ、職務ごとに特殊な知識や技能が不必要だというわけではない。しかし、そうした知識や技能は職務遂行を通じて可能になる範囲にとどまっていたのである。

実際、「認定職業訓練校」に入校するとはいえ、実際の職務には携わる。職場で職務を遂行している時間は、「認定職業訓練校」の実習時間だと見做される。毎日の職務を終えてから、例えば二時間という一定時間、集合教育で講義を受けることになる。

この「認定職業訓練校」での集合教育の講義内容は、機械概論などを含んでいるとはいえ、後期中等教育という学校教育で教えられる「教養」教育といってよい。つまり、既に受けてきた学校教育の再確認であり、補完にすぎないということになる。

もちろん、一年間あるいは二年間という訓練期間を終え、「認定職業訓練校」を修了すれば、「技能士補」という国家資格が取得できる。しかし、それは職務遂行能力として必要だというわけではない。企業の狙いは若年従業員に自ら目標を設定し、自ら学ぶ機会を提供することにある。つまり、職務遂行を動機づけ、企業への帰属意識を培養することによって、定着性を向上させることが目的だったのである。

学校教育は経済システムで要求される機械のリズムに合わせて作業を遂行しつつ、職務規律を順守し、指令に服従するという人材育成に失敗していると認識され始めた。もちろん、人間は「学びの人」であり、自発的に学び成長しようとする。

そのため機械のリズムに従属する職務が飛躍的に増大すると、「学びの人」である人間は職務への動機づけを失う。そこで職務としてではなく、職務の周辺に企業教育として「学び」の機会を創り出し、職務への動機づけを実現しようとしたのである。

4　高等教育の機能不全

重化学工業化による高度成長にともない、初等教育や中等教育に機能不全が生じているという認識とともに、高等教育も破綻したとの評価が広まるようになる。重化学工業化は大量の単純労働を生じさせるとともに、管理機能を増大させる。企業組織の巨大化にともない、そもそも政治システムの統治のために必要な指導者や知識技術者を養成する目的で実施されてきた高等教育に、中間管理職の養成という目的が加わることになる。

日本の高等教育は一八七七年(明治一〇年)の東京大学の設置に始まる。一八八六年(明治一九年)の帝国大学令で、東京大学は帝国大学となるが、その目的は「国家ノ須要ニ応スル学術技芸ヲ教授シ及其蘊奥ヲ攻究スル」ことにあったのである。

大正期頃から重化学工業化が進み始めると、こうした指導者養成を目的とした帝国大学に加えて、旧制専門学校や師範学校という中間専門技術者の養成機関が高等教育に加わる。第二次大戦後の新制大学は、旧制専門学校や師範学校を吸収しつつ、旧制専門学校や師範学校のレベルで高等教育を再編したものといってよい。

こうした新制大学の社会的機能は、重化学工業化をともなう高度成長によって定着していく。**図7**をみると、四年制大学への進学率は、一九五〇年代には八％だったけれども、一九七〇年には一七％、一九七五年には二七％に達する。しかし、一九七〇年代後半に重化学工業化にともなう高度成長が終焉を告げると、高等教育は一転する。一九七六年(昭和五一年)には専門学校が新しい高等教育機関として加わるけれども、高等教育への進学率は停滞ないしは減少傾向を辿っている。

ところが、「失われた一〇年」と呼ばれる一九九〇年代になると、**図7**に示したように、再び高等教育の進学率が上昇傾向を辿ることになる。しかし、新規に学校教育を修了した者への求人数が悪化している。

一九九〇年代の進学率の上昇は、高度成長期にみられた進学率の上昇とは、決定的に意味が相違することはいうまでもない。「大学進学でもするしかない」という後向きの選択が、進学率の上昇要因を形成しているといってもよい。後期中等教育修了者つまり高校卒業者への労働需要の減少が、進学率の上昇を生み出していたのである。

そもそも一二世紀頃からボローニャやパリで誕生する大学は、教える者と学ぶ者が集うギルド的団体としてのウニベルシタス(universitas)である。神学、法学、医学、学芸の四学部にもとづく大学は、「都市の自治」とも呼ぶべき「大学の自治」を実現する。つまり、大学は政治権力から独立した真理探究の「場」として成立していたのである。

真理は政治システムが統治をする上でも必要となる。そのため第二次大戦前の帝国大学でも、統治活動に必要な指導者や研究者の養成を目指しつつも、真理を探究する学問研究活動も展開していたのである。

第二次大戦後の新制大学では、政治システムの指導者や研究者を養成するという側面が消極化するとともに、真理探究の研究活動の「場」であるという性格も弱まっていく。つまり、大学は義務教育に始まる学校教育の体系のもとで、後期中等教育の延長として高等教育を担うとともに、真理探究の「場」という使命をも担っていたのだけれども、第二次大戦後の新制大学では、真理探究の研究活動の「場」という性格が急激に衰えていったのである(7)。

そうなると、大学は高等教育として、経済システムにおける階層づけという役割に特化していくことになる。したがって、義務教育修了者が技能工に、後期中等教育修了者と高等教育修了者が事務職・技術職になるという階層構造と大学が結びついていく。もちろん、それは義務教育修了者が労働者階級に、後期中等教育修了者と高等教育修了者が新中間層へという階級構造の形成をも意味する。

もっとも、高度成長とともに、大量の技能工が必要となると、後期中等教育修了者も技能工に投入される。しかも、高等教育修了者でさえ、技能工と事務職・技術職との中間形態としての「グレー化」が進むことになる。

重化学工業化によって形成される階層構造と、大学という高等教育が結びついて、日本では高等教育が市場化されていった。というよりも、義務教育以外の学校教育は、市場から購入するものとして位置づけられる。高度成長は理工系の高等教育が大きく貢献していると評価されながらも、高度成長過程では国立大学の理工系への投資が高められたとはいいがたい。むしろ進学率の上昇にともない、私立大学への定員増加が図られていく。

義務教育以外の学校教育が市場から購入するものとして位置づけられると、高等教育はますます階層構造と結びつくことになる。もっとも、確かに私学にも公的資金が投入されるようになったけれども、それは逆に国立大学の授業料の引き上げに帰結していくことになる。

高等教育というよりも、学校教育が経済システムにおける階層構造と結びつくと、学歴社会あるいは学校歴社会が生じる。もちろん、受験競争も激しくなる。大学も階層構造と結びつくと、真理探究と研究の「場」でもある大学が、本来の「学ぶ」という場ではなくなってしまう。つまり、大学は「教える者」と「教えられる者」との共同作業の場という性格を喪失していくことになる。

大学は「学びの人」である人間の欲求を充足する「場」である。そうした欲求充足が搾取されてしまうと、「大学紛争」が生じることになる。

「大学紛争」において問題を提起した学生は、大学が人間を疎外し、抑圧する役割を果しているとして、次のように異議を申し立てている。[8]

今日の社会が、営利に専念し、帝国主義的進出を拡大・強化し、公害をまき散らし、人命を軽んじ、人間と自然との調和を破り、汚職をはびこらせ、侵略戦争に荷担・協力する、などの罪悪を犯しつつあり、大学もその体制に奉仕して、人間を疎外し、抑圧する役割を果していることではないのか。

大学教育についても「人間が人間として連帯するなかで、個としての素質と可能性を自由に実現・開花させてゆく社会的自己形成の展開ではなく」、「人間同士の競争を強い、互いに分断・孤立化させ、差別・選別しつつ、労働力商品の諸類型に加工してゆく営みに堕している」と批判している。[9] それは大学が階層づけをする学校教育として機能していくことへの抵抗といってよい。

5 学校からの逃走

学校教育の荒廃とは、工業社会を支えてきた学校教育の荒廃である。初等教育に始まり、中等教育さらには高等教育が全体として荒廃していくことは、学校教育に支えられた工業社会の危機である。

　確かに、工業社会は大量生産・大量消費を実現し、人間の歴史に忌まわしく付き纏(まと)っていた飢餓的貧困を解消するという人間の夢を叶えた。しかし、そうした大量生産・大量消費は、生産も生活も標準化することによって達成されている。

　工業社会とは標準化された社会である。標準化された製品を大量に生産し、標準化された生活様式のもとで大量に生産物が消費されていく。

　生産過程を標準化するには、全体労働を部分労働に解体して、機械に従属させなければならない。そうすれば標準化された機械のリズムに従い作業を開始し、機械のリズムに合わせて作業を進めていくことができる。しかし、そのためには機械のリズムに合わせた作業を遂行するという職場規律を身につけていることが前提となる。同じ規律のもとで、同じ作業を進めるには、同じ言語や同じ数え方を身につけさせる標準化された学校教育が必要となる。

　こうして学校教育では、標準化する「型」に嵌める教育が実施されることになる。標準化を目指す学校教育では、読み、書き、計算という反復訓練や、標準化された知識を詰め込む教育が施される。それは学校教育を修了した後に待っている生産活動で、反復作業を来る日も来る日も、耐えて継続できる忍従を身につけさせるためでもある。

　人間が「学びの人」として生来的に抱いている「どうして(why)」を問う能力は、学校教育では抑圧される。反復訓練と標準化された知識を教科内容として教え込まれるのは、「ハウ・トゥ(how to)」つまり「こうすると、こうなる」ということに対応する能力である。

工業社会でも「どうして」を問う能力が必要である。もちろん、それは経済システムがそうした能力を必要としているからである。現状を否定して「開発」、「改良」、「技術革新」を推進していくためには、問題認知能力さらには問題解決能力が重要となる。こうした問題認知能力や問題解決能力は、高等教育に期待されることになる。しかし、同時に高等教育は、階層構造における中間層を「型」に嵌めて大量に生み出していく。

そうなると中間層として「型」に嵌めて育成する一方で、問題認知能力や問題解決能力を与えていくというアンビバレントな性格が、高等教育に生ずることになる。しかも、人間は本来、「学びの人」として、問題認知能力や問題解決能力を身につけて、人間的成長をしようとする。そうなると、「型」に嵌められていくことに異議を申し立てるようになる。それが「大学紛争」だったといってよい。

工業社会を支えてきた学校教育の荒廃は、工業社会が飢餓的貧困を解消するという成功物語とともに始まる。飢餓的貧困が存在することから、人間的成長を実感できない反復訓練を強制しても耐えることができた条件となっていたからである。

佐藤学教授(東京大学)が指摘するように、「勉強」とは無理することを意味する。市場取引で「勉強する」といえば、無理をして値引くことである。飢餓的貧困の存在に強制されて、「勉強」にも耐えていたといってよい。[10] したがって、佐藤教授の指摘する「学びからの逃走」とは、「型」に嵌めることを強制する「学校教育」からの逃走である。

もちろん、「学ぶ」ことは「学校教育」でなくてもできる。しかし、「学びからの逃走」では、「学校」以外での「勉強」の時間の少なさも問題となっている。

スウェーデンの国民教育運動では、「学び」の基本は「自己学習」だと理解されている。しかし、人間は自立すれば自立するほど連帯するという思想が、スウェーデンの民主主義思想を支えている。そうした思想にもとづけば、「自己学習」を基本とするということは、「討議と会話」で「学び合う」ことを意味する。つまり、「学ぶ」ということは、「学び合う」ことだと考えられている。

もっとも、日本には学校以外の時間でも、「自己学習」ではなく、「勉強」できる教育機関として「進学塾」、「予備校」などがある。もちろん、「進学塾」にしろ「予備校」にしろ市場原理で提供される。しかし、こうした「進学塾」では人間の「学ぶ」欲求が充足されるわけではない。それどころか、標準化された訓練と知識を付与する「型」に嵌める教育の「場」なのである。

というよりも、「進学塾」あるいは「予備校」という言葉自身が如実に物語っているように、それは学校教育のための教育機関なのである。つまり、「進学塾」とは学校教育での「進学」を実現していく「塾」であり、「予備校」とは学校教育の「予備」、すなわち「予め備える」ための学校なのである。

学校教育が人間としての「学び」の欲求を充足しない以上、「学びからの逃走」というよりも、「学校からの逃走」が始まる。しかし、繰り返せば、人間が人間としての問題解決能力を高める「場」は、「学校教育」に限られているわけではない(11)。それよりも人間が自然に挑む労働の「場」こそ、「学びの場」であり、人間的に成長していく「場」なのである。

6　働きからの逃走

人間は自然に働きかけ、人間が生活していくうえでの有用物に変形してきた。こうした自然に働きかける労働を通して人間は、問題認知能力や、問題解決能力を身につけ、「学び」という人間の営みを行い、人間的に成長してきたのである。

ところが、労働が全体性を喪失し、部分労働に分解されると、部分労働の遂行を通じて、学ぶことのできる問題認知能力も、問題解決能力も極めて制限されてしまう。人間が人間として成長しているという「学び」の欲求は充足されず、働きがいが見出せなくなる。

人間の自然に対する働きかけである労働は、自然に対する理解を必要とし、自然を学ばなければならない。人間が自然に対して働きかける時には、人間は「ホモ・サピエンス」つまり「知恵のある人」として、知恵を絞り、自然への働きかけを工夫してきたのである。

人間が自然に働きかけようとすれば、自然のリズムに調和しなければならない。太陽が昇ると同時に労働をはじめ、太陽が沈むとともに労働を終える。このように人間は、自然のリズムと調和して労働してきたのである。

大地に種を蒔き、「生きた自然」を原材料とする農業に対して、工業は「死んだ自然」を原材料とする。工業では大地にではなく、機械に働きかける。

自然の創造主は神である。ところが、機械の創造主は神ではなく、人間である。ギリシャ神話の眠らざるゴルゴーンのように、機械は自然のリズムとは無関係に稼動する。人間は機械のリズムに調和して、工場の鉄門の前に平伏し、労働を始めなければならない。陽が沈み、夜の帳（とばり）に包まれようとも、人間の内なる自然である生理に反してではあれ、人間は機械のリズムに合わせて労働を始めなければならなくなる。しかも、工場に足を踏み入れるや、機械の振るタクトに指揮されて、人間は労働をする。

チャップリンが映画「モダン・タイムズ」で見事に描いていたように、発狂して人間ではなくなるまで、人間は機械の指示に従わざるをえなくなる。ローマの奴隷船が人間を船の動力源として利用したことが、人間を愚弄した人間の非人間的使用方法であるのと同様に、機械に従属化した労働も、人間の人間的使用方法ではない。単純労働は熟練を失うことによって、人間が「学ぶ」ことがなくなるというだけではない。人間が自然に対して働きかけるには、人間同士が協力し、共同作業として労働を遂行して、社会的欲求を充足してきた。人間とは群居性を備えた種だからである。

ところが、分断されてベルト・コンベアーに張りつけられた労働は、孤独な労働である。孤独な労働として、人間同士の会話をすることもなく、黙々と労働を遂行しなければならない。社会を形成する能力を「学ぶ」ことなく、社会的欲求も充足することができないのである。

学校教育の使命は人間的欲求を抑圧し、人間の非人間的使用に忍従する人間を形成することにある。学校教育の荒廃とは、学校教育が人間的欲求の抑圧と、非人間的使用への耐性を培うことに失敗したことを意味している。

もちろん、全体労働を部分労働に分解すると、連続化が可能となって生産性は上昇する。生産性の上昇は企業利潤を高めるだけでなく、実質賃金の引き上げをも可能にする。実質賃金の上昇は、大量生産される消費財の大量消費を可能にして、高度成長を可能にしたのである。

確かに、大量生産と大量消費は、飢餓的貧困を克服していく。しかし、それは機械に従属した非人間的使用方法としての部分労働を受容するという高い代償を支払っての克服である。ところが、飢餓的貧困の解消とともに、皮肉なことに生産性は低下せざるをえなくなる。

というのも、人間の生存に必要不可欠な基本的ニーズが充足された労働者は、分断され単純化された非人間的労働に、働きがいを感じなくなってしまうからである。アメリカの心理学者マズローの欲求段階説によると、人間の欲求は生理的欲求、安全欲求、社会的欲求、自我欲求、自己実現欲求という低次から高次の欲求へと階層的構造になっている。低次の欲求が安定的に充足されてしまうと、いくら賃金の引き上げという飴をしゃぶらせても、働きがいなどの高次な欲求への充足を求めるようになり、「働きからの逃走」が生じる。(12)

「働きからの逃走」は、アブセンティズムとして欠勤の多発や、日本型アブセンティズムとしての大量退職として生じる。もちろん、「働きからの逃走」と「学びからの逃走」は相互に関連しながら進行していく。

人間的欲求を抑圧し、単純労働への忍従を強いる学校教育への動機づけは、「脅迫」しかない。日本では義務教育(compulsory education)を「脅迫」教育と翻訳していた。つまり、臣民を「脅迫」して、教育を受けさせることこそ、義務教育と理解されていたのである。

「脅迫」の手段は貧困である。「学校教育」を受け入れなければ「貧困」に陥るぞという「脅迫」である。しかし、飢餓的貧困が解消されれば、モチベーションのない学校教育を「脅迫」して受けさせる術を喪失してしまうことになる。

こうした「学びからの逃走」と絡み合いながら、「働きからの逃走」が生じると、生産性は低下する。生産性が低下すると、より一層、労働を単純化し、人間の手段としての機械に、人間を置き換えていく現象が激化する。中間管理職の管理労働をも、単純労働と機械装置に置き換える現象が進行していく。そうなると、高等教育を受けても、働きがいが見出せる職務には、就くことができなくなる。

人間は自立して、自己責任で生活しろといわれる。しかし、市場社会よりも原始社会のほうが、人間は圧倒的に自立して生活していたのである。

原始社会では人間は、自己が生存するために必要なすべてを行う能力を、身につけていた。原始社会の教育のほうが、問題認知能力も問題解決能力も学ばせていたといってよい。もちろん、こうした教育は、学校教育で担われてはいないのである。

口にする食料を採集し、狩猟し、身にまとう着衣を作り、居住する小屋をも造り出す能力を身につけていた。もちろん、そうした生産をするために、共同生活をしていた。

しかも、共同生活を維持し、子供を養育し、生活様式としての文化をも形成していた。

さらに、共同社会の構成員として共同意志決定に参加する能力をも身につけていたのである。

ところが、市場社会になると、人間は自己の生活に必要な物を作り出す能力を身につけることがない。分業社会だからである。玩具を製造する職人は、玩具を製造する能力しか必要としない。玩具職人達には居住する家屋を製作する能力も、口にする米を栽培する能力も必要ではない。

市場社会は、他者の生活に必要な物を製造して自己の生活の糧を得る分業社会である。玩具の職人は子供が玩具で喜ぶ顔を思い浮かべながら、玩具を製造する。それが「働きがい」である。

しかし、市場社会での分業では、玩具職人が分担した分業よりも細分化され、玩具の部品製造という限られた労働しか行わない。つまり、ごく部分的な労働能力しか必要としないのである。

市場社会における学校教育は、こうした部分的労働能力を身につけさせることではない。そうした教育は企業内教育に委ねざるをえない。市場社会における学校教育では、政治システムにおいて共同意志決定に参加し、共同意志決定に従う能力を重視する。というよりも、共同意志決定に従い、社会の構成員として統合されていく能力を身につけることが重要となる。

それは経済システムでは「働きがい」が見出せないとしても、社会秩序を乱さずに、社会に統合されていくことをも意味するからである。市場社会で高度に工業化が進むにつれ、「働きがい」が喪失されると、学校教育の社会統合機能への要請は高まっていく。

ところが、こうした要請を学校教育は果せない。それが教育の荒廃である。飢餓的貧困が解消され、基礎的ニーズが充足されると、人間は「働きがい」を求める。というよりも、人間は所有欲求から存在欲求の充足を求め「豊かさ」よりも「生きがい」を追求するようになる。

「生きがい」とは人間的能力を全面的に開花させることだといってよい。自己の生活に必要な基礎的ニーズを充足しつつ、他者の生活に貢献する能力を高め、社会の共同意志決定に参加する能力を身につけていく。そうした変革の道程が「学び」である。

教育の「使命」は、こうした「学び」を進めることにほかならない。教育危機は学校教育の危機ではなく、社会全体での教育が有効に機能しなくなり、「学びの社会」となっていないことにある。

注

(1) 日本の教育投資の評価については、市川・林(一九七二)、七〇―八一ページを参照されたい。

(2) 日本経済調査協議会編(一九七二)、二四四―二四五ページ参照。

(3) 昭和四〇年代の若年労働者を巡る労務管理については、神野(一九九二)を参照されたい。

（4）マズローの欲求段階説については、Maslow(1954)を参照されたい。

（5）X理論とY理論については、McGregor(1960)を参照されたい。

（6）ハーズバーグの衛生理論については、Herzberg(1966)を参照されたい。

（7）第二次大戦後における高等教育の問題については、大内（一九九九）の第九章が簡潔にまとめているので参照されたい。

（8）折原（一九七一）、一四ページ参照。

（9）折原（一九七一）、一四ページ参照。

（10）佐藤（二〇〇一）参照。

（11）日本の学校制度への批判的考察として、古山（二〇〇六）を参照されたい。

（12）「学びからの逃走、労働からの逃走」という考察として、内田（二〇〇七）がある。

第五章　工業社会から知識社会へ

1　知識による「量」と「質」の転換

教育の荒廃とは学校教育の荒廃であり、それは重化学工業を基軸とする工業社会の行き詰まりを意味している。確かに、重化学工業を基軸とする工業社会は大量生産・大量消費を実現して、飢餓的貧困の恐怖を解消した。しかし、その代償として単純労働という人間の非人間的使用方法に忍従しなければならなかったのである。

ところが、飢餓的貧困の恐怖から解消され、人間の生存に必要不可欠な基礎的ニーズが充足されてしまうと、より高次な欲求が芽生えてくる。つまり、生理的欲求や安全欲求という低次な欲求が安定的に充足されると、社会的欲求、自我欲求、自己実現欲求という高次な欲求が生じてくることになる。

低次な欲求が充足されていない時であれば、賃金という「飴」と貧困や失業という「鞭」とで、単純労働という非人間的使用方法へと駆り立てることができた。しかも、非人間的使用方法である単純労働において、指令に従順に遂行していく人間を、学校教育が創り出すことができたのである。

しかし、高次な欲求が芽生え、所有欲求よりも存在欲求を求めるようになると、「働きからの逃走」が「学びからの逃走」と相互に絡み合いながら生じてくる。もちろん、「働きからの逃走」は生産性を低下させて、大量生産・大量消費を行き詰まらせる。

しかし、重化学工業化によって大量生産・大量消費は、こうした供給面で行き詰まるというだけでなく、人間の生活様式を変化させて、需要面でも困難に逢着する。大量生産・大量消費は、標準化され、画一化された生産物を大量に消費するために、標準化され、画一化された生活様式を前提とする。

ところが、高次な欲求が芽生え、存在欲求を求められるようになると、「量」から「質」への転換が始まる。つまり、大量生産・大量消費によって、人間の生存に必要不可欠な基本的ニーズが充足されてしまうと、人間はより清潔なもの、より美しいもの、より優雅なものなどを求めるようになる。

そうなると、消費財の需要は多様化する。大量消費を支えてきた画一的な需要が多様化すれば、大量生産・大量消費から、多様な需要に対応した多品種少量生産へと移行せざるをえなくなる。もちろん、単純労働化した部分労働では、多品種少量生産への対応は困難になる。

「量」を「質」に変換するのは、情報であり、知識であり、知恵である。それは人間の人間的使用方法が再び評価されることだといってもよい。

人間は自然に働きかけて、人間にとっての有用物を創り出す時には、自然に存在する物質量に情報を加える。情報とは「形を与える(in-formera)」という意味である。人間は鉱石から鉄の矢尻を作る時にも、自然に存在する物に情報を加えて製作する。しかし、鉄の矢尻を製作する時よりも、心臓のペース・メーカーを作る時のほうが、自然の物質量に加える情報量は飛躍的に増加する。

このように「量」を「質」に変換するには、人間が「ホモ・サピエンス」つまり「知恵のある人」としての能力を発揮しなければならなくなる。もっとも、経済とは人間が自然を有用物に変換することだという本質に、変化が生じるわけではない。自然を有用物に変換する時に、人間の知恵というオブラートで包むようになると考えたほうがいい。人間の知恵というオブラートで包むために、人間の人間的能力が求められる。つまり、高い人間的能力を必要とする職務が急増し、知識集約型産業が産業構造の基軸を形成するようになる。それが知識社会(knowledge society)である[(1)]。

重化学工業を基軸とした重化学工業社会では、単純な部分労働に分解して、高い生産性と高い賃金を実現した。ところが、知識社会では人間そのものの人間的能力を高めることが、生産性を向上させる決定的要因となる。

大量生産・大量消費を実現した工業社会の最大の制約条件は、環境である。経済は自然を変換させることである。大量生産・大量消費は自然多消費型産業構造が形成されていることを意味する。このまま大量生産・大量消費をつづけていけば、自然が持続可能ではないことに、誰もが気づき始めている。

「量」を「質」に置き換えることは、人間と自然との最適な質料変換を追求することを意味する。もちろん、自然に存在する物質量に対して、追加する情報量を飛躍的に増加させれば、当然のことながら自然に存在する物質量の使用は、飛躍的に節約される。

いうまでもなく「量」が「質」に置き換えられれば、耐久性は向上する。しかも、使い易くなるばかりか、修理も容易となって、使用期間は長期化する。

それればかりではなく、大量生産・大量消費のもとでは生産の「場」と、消費の「場」が離れているために、膨大な無駄が生じる。ところが、情報は生産の「場」と、消費の「場」を急激に近づける。つまり、あたかも注文方式のように、需要のあるもののみに限定して供給することができ、多様な需要に対応して、無駄のない多様な生産が可能になる。

2 「カルチュア」としての教養

知識社会の経済システムが要求する「量」を「質」に置き換える人間的能力は、多様である。どのような能力が必要になるかは未知なので、それぞれの人間が掛け替えのない能力を開花させていくしかない。

しかも、知識社会では常に人間的能力を高めて、より「質」の高い財・サービスを「開発」していくことになる。もちろん、財・サービスを生産していくプロセスも、絶えざる「改良」を加えざるをえない。さらにいえば、絶えざる「技術革新」を実現していかざるをえなくなる。

そうなると、要求される人間的能力は多様化するとともに、激しく変動することになる。しかも、こうした「開発」、「改良」、「技術革新」を推進していく能力は、問題認知能力であり、問題解決能力であり、創造力だということができる。つまり、これまでの学校教育が標準化してきた読み、書き、計算などの反復的訓練では身につかない能力が要求されることになる。

こうして知識社会では工業社会のように、標準化された反復訓練によって身につける能力や、標準化された知識を強制的に詰め込まれて獲得できる能力は、必要とされなくなる。問題の所在を認知するとともに、認知した問題を創造的に解決していく能力であり、「学び」続けることを動機づける能力が、知識社会では必要となる。つまり、「型」に嵌める「盆栽型」教育では身につかない能力であり、「栽培型」教育でしか身につかない能力なのである。

こうした知識社会で必要な人間的能力は、幅と深さのある「教養」だといってもよい。それは状況の変化に対応できる「潰しの効く」能力が必要となるということを意味する。

必要な能力が目眩く変化する知識社会では、職務や仕事が変わっても適応できる能力が必要なのである。

現時点で必要とされる職務能力に合わせて、「型」に嵌めて人材を育成してしまうと、状況が変化し、その職務能力が必要でなくなった時には対応できない。教育には時間がかかる。現時点で必要な人材を型に嵌めて育成しようとしても、育成された時点では時代遅れの不必要なものとなってしまう。

知識社会になると、変化の時間圧縮(time compression)が生じる。例えば、従来であれば一〇年かかった変化が一年で起きる。こうした状況のもとでは、「型」に嵌めて人材を育成しても意味がない。それよりも状況の変化に応じて要求される様々な「型」に嵌まることのできる「潰しの効く」能力が必要となる。

「潰しの効く」能力とは、幅と深さのある「教養」だといってよい。「教養」とは「カルチュア(culture)」であることを忘れてはならない。「カルチュア」とは「栽培する(cultivate)」ことを意味する。「栽培する」とは、種子が芽を出し、花開いていくことを助けていくことにほかならない。

それは内在しているものが自己成長していくことを動機づけることなのである。つまり、「教養」とは自ら動機づけて、自己変革していくことなのである。

3　知識資本の蓄積

人間的能力は相互に惜しみ無く与え合わないと意味がない。スウェーデンの基礎学校で若き女性教師が、「人間が学ぶということは、自分が取得した知識を他者に伝えることだ」と説明してくれた。知識社会では人間的能力を個人的に高めるのではなく、高まった人間的能力を与え合うことが重要となる。

工業社会では「蓄えること」が美徳であった。しかし、知識社会では「与えること」が美徳となる。それは知識社会では、所有欲求の充足よりも存在欲求の充足が重視されることを意味する。

工業社会ではいかに貯蓄し、所有したかが称賛の的となっていた。しかし、知識は個人的に貯蓄して、他者に与えないと死滅してしまう。

学問の世界で偉人とは、所有欲求によって知識を所有した人間ではない。知識を惜しみなく他者に与え、いかに学問の発展に貢献したかによって決められる。そうした学問の世界を考えれば理解できるように、知識社会では所有欲求ではなく、存在欲求が追求される。

ということは、知識社会では、家族やコミュニティという社会システムの与え合うという価値観が、トータルシステムとしての「社会全体」の価値観をも支配することを意味する。経済システムの価値は所有欲求によって決まる。しかし、家族やコミュニティという社会システムでは、他者に献身することが称賛される。それは家族やコミュニティでは、所有欲求よりも、人間と人間との触れ合いとしての存在欲求が重視されるからである。つまり、所有欲求よりも存在欲求が称賛される知識社会の価値観は、社会システムの価値観なのである。

そうだとすると、知識社会で人間的能力として、二つの要素が重要になることがわかる。一つは、個人的な人間的能力である。もう一つは、その個人的な人間的能力を惜しみなく与えあう人間の絆である。

後者の人間の絆は社会資本(social capital)と呼ばれる。前者の個人的能力と、後者の社会資本をあわせて「知識資本」と呼ぶと、知識社会では知識資本の蓄積が経済システムでの生産活動を確定することになる。

ハーバード大学のパットナム(Robert D. Putnam)は、北イタリアと南イタリアの地域社会を実証的に調査して、北イタリアが南イタリアよりも経済発展という点で優れている理由として、北イタリアには強固な人間の絆が存在していることを明らかにしている。(2)パットナムはこうした社会システムの凝集力である人間の絆を「社会資本」と名付け、経済発展にとって人間の絆としての社会資本が決定的な役割を演じることを明らかにしたのである。

「知識社会」を掲げるスウェーデン政府も、社会資本が経済発展にとって決定的重要性をもつと強調している。スウェーデン政府によると社会資本とは、相互信頼、共有価値、連帯そして市民精神の問題だという(3)。

もっとも、人間的能力を個人的に高める努力は、他者から強制しても意味がない。人間的に向上しようとする意欲がなければ、水を飲みたくない馬に水を飲ませようとするような結果になってしまうからである。

ところが、人間は「学びの人」であり、コーレ・オルソンが指摘するように、「人は誰でも、適切な動機づけがあれば、驚くほどの速さで学習するもの」だとすれば、そうした心配は杞憂にすぎない。もちろん、コーレ・オルソンがいうように、それには条件がある。それは学ぶことへの適切な動機づけである。

この学ぶということの動機づけには、生理的欲求や安全欲求という低次欲求が、安定的に充足されていることが条件となる。さらに、協力しあうという社会的欲求も、安定的に充足されている必要がある。

もっとも、仲良し欲求ともいうべき社会的欲求が充足されていることこそ、社会資本が形成されていることにほかならない。知識社会の生産性は、個人的な人間的能力と、社会資本という知識資本の蓄積が鍵を握る。こうした知識資本の蓄積こそ、知識社会の教育機能の使命となる(4)。

4　学校教育への競争原理の導入

重化学工業を基軸とする工業社会が行き詰まる歴史の転換期では、階段の踊り場のように、上に昇りたくても昇れなくなる。しかし、歴史の階段の踊り場から、知識社会を目指して歴史の階段を上に昇ろうとする動きだけが生じているわけではない。歴史の踊り場から歴史の階段を下に降りていこうとする動きすらある。それが新自由主義の目指そうとしている道である。

既に述べたように、工業社会の行き詰まりは、機械のリズムに合わせた単純労働への抵抗が強まり、生産性もダウンする現象として生じている。というのも、飢餓による貧困への恐怖が解消され、飢餓による貧困への恐怖という「鞭」が通用しなくなってしまっているからである。

新自由主義とは、非人間的単純労働を「人間的使用方法」(ノーバート・ウィーナー)に改めるのではなく、飢餓による貧困への恐怖という「鞭」を復活させることによって、この困難を打開しようとする思想である。機械のリズムに従属した非人間的労働に耐えなければ、職を失い、人間としての生存が保障されない。そのような状態を復活させることで、生産性を向上させようとする政策思想にほかならない。

第二次大戦後の福祉国家では、職を失えば失業手当が支給され、労働能力を失えば市場の外側で政府がさまざまな現金給付を実施してきた。そうした現金給付を廃止したり、縮小すれば、人間は飢餓という貧困におびえ、単調な非人間的労働にも耐えるようになる。それが新自由主義の政策思想である。

しかも、失業率を高めれば、賃金を抑制することができ、コストも低めることができる。失業しても救済されないとわかれば、低賃金をも甘んじて受け入れなければならない。

しかし、賃金が抑制されれば、大量生産される生産物を購入することは困難になる。単純労働に分解して機械に従属させることによって、上昇した生産量の果実が高賃金として分配されて、大量消費が可能となったからである。低賃金に抑制されてしまえば、大量生産される生産物の購入が困難になることは明らかである。

そうなると、より単純労働に分解して、非正規従業員などの正規従業員以外の雇用を拡大しようとする。あるいは低賃金を求めて、海外へフライトしていく。そうして低価格を実現したところで、それを購入する購買力は存在しないため、生産物があふれ出たとしても、販路を断たれることになる。

人間の歴史を愚弄してはならない。人間をより人間的に使用していく方向に、歴史の舵は切られなければならない。人間をより非人間的に使用しようとする新自由主義は、歴史の踊り場から歴史の階段を降りていこうとする政策思想といわざるをえない。

ところが、日本では工業社会の行き詰まりとともに生じた学校教育の荒廃に対して、新自由主義の政策思想にもとづいて教育改革が推進されてきた。というよりも、日本は知識社会を目指す方向に舵を切らずに、歴史の流れに逆流する方向で教育改革も実施されている。

労働はますます単純な部分労働に分解されていく。単純化された部分労働は、労働市場の規制を緩和して、正規従業員以外の従業員に多くが担われていく。人間の人間的使用方法による「働きがい」のある職務は創り出されることはない。

「働きがい」のある職場が創り出されなければ、「働きからの逃走」が生ずる。無業者やフリーターの増加は、こうした「働きからの逃走」の表出形態である[5]。

もちろん、新自由主義は市場経済の競争原理を、社会のあらゆる領域に解き放ち、貧困や失業という「脅迫」手段を創り出していく。こうした新自由主義のもとでの学校教育の使命は二つある。

一つは、非人間的な労働に耐えて、規律を守り、「飴と鞭」に反応する人間を「型」に嵌めて育てることである。もう一つは、学校教育と市場経済が生み出す階層構造を結びつけ、市場経済が生み出す階層構造を正当化することである。

こうした二つの使命は、工業社会における学校教育の延長にしかすぎない。新自由主義の特色は、学校教育に市場経済の競争原理を解き放つことによって、この二つの使命を果そうとすることにある。

しかし、非人間的な労働に耐えるための学校教育では、モチベーションが生じない。そうしたモチベーションの湧かない学校教育に駆り立てるには、学校教育を受けなければ、大変な事態に陥るという「脅迫」が必要である。

この「脅迫」を、学校教育に新自由主義の常套手段である規制緩和と民営化の論理を持ち込み、気品のない競争を煽ることで実現しようとする。もちろん、その背後では貧困と失業の恐怖を復活させていくことになる。

新自由主義では市場経済のもたらす格差を積極的に肯定する。つまり、要素市場にもとづいて分配される所得格差は公正であり、それは能力を反映しているからだとする。そのために学校教育が動員されることになる。

学校教育によって能力が決まり、この能力によって所得が決まる。したがって、市場経済という競争原理によって決定される所得は公正だと弁証される。

しかし、競争原理で勝利するのは、いつも強者である。この強者の地位を正当化するために、学校教育がレッテルを貼る。それは生まれながらに得ている地位ではなく、学校教育による能力の差なのだと根拠づけることになる。

それだからこそ学校教育に、市場経済の競争原理が導入される。学校教育に競争原理が導入されれば、学校教育では豊かな強者が教育競争で勝利する。市場経済で勝利する豊かな強者に、学校教育がその勝利を正当化し、有能だというレッテルを貼ることになる。

橋本健二教授(武蔵大学)は日本の社会が墓の中に眠っていた階級を覚醒させ、階級社会的な性格を強めていると指摘している。[6] その上で日本の所得格差を決定する要因として、学歴よりも階級が遥かに大きいとしている。

しかも、進学率をみても、学力つまり成績よりも、所属する階級が決定することを、橋本教授は見事に分析している。旧来のマルクス主義を継承しながらも、資本家階級、労働者階級に加え、ホワイトカラーなどの新中間階級に、農民層や中小自営業者などの旧中間階級を含めた四つの階級分類となっている。

橋本教授の分類によると、四つの階級で大学などの高等教育を受けた比率は、**表1**のようになっている。つまり、新中間階級では七〇・八%と高いのに対して、労働者階級では二九・五%と三割にも満たない。特に若年層では大学卒業者以外が新中間階級に所属するのは極めて難しくなっていると、橋本教授は指摘している。しかも、所得収入では新中間階級は、労働者階級の二倍を上回っている。

それとは逆に、出身階級と進学率との関係をみると、**表2**のようになる。高等教育への進学率は新中間階級が七〇・四%、資本家階級が六二・五%と高いのに対して、労働者階級では一八・九%と二割にも満たない。しかも、労働者階級で成績が「上」でも、五割程度の者しか高等教育に進学できない。それに対して資本家階級や新中間階級では、

表1　4つの階級の特徴

	資本家階級	新中間階級	労働者階級	旧中間階級
全就業者に占める割合	5.4%	19.5%	58.8%	16.3%
個人収入	669万円	524万円	246万円	380万円
家計の金融資産の平均額	3640万円	1350万円	900万円	2010万円
高等教育を受けた人の比率	41.1%	70.8%	29.5%	21.2%
「中」以上意識	35.0%	13.1%	6.7%	11.3%
自民党支持率	37.1%	23.2%	23.9%	42.6%
地方議会議員に知り合いのいる人の比率	54.8%	26.6%	20.8%	47.2%
新聞で政治の記事をほぼ毎日読む	62.9%	58.8%	36.3%	57.4%

注）全就業者に占める割合，高等教育を受けた人の比率は就業基本調査個票データ，家計の金融資産は1995年SSM調査データ，それ以外は2003年JGSS調査データから算出．JGSS調査データの分析では，分析対象を69歳以下に限定した．資本家階級は従業員規模5人以上，旧中間階級は5人未満の，それぞれ経営者・自営業者，家族従業者，新中間階級は被雇用の管理職・専門職と常勤の男性事務職，労働者階級は新中間階級以外の被雇用者．「中」以上意識は「上」と「中の上」の合計．
出所）橋本[2006]による．

表2　出身階級別・中学3年生時の成績別高等教育進学率(1960年代生まれ，男女)

出身階級	中学3年生時の成績			
	上	中	下	全体
資本家階級	75.0	58.8	42.9	62.5
新中間階級	87.2	57.1	44.4	70.4
労働者階級	53.8	10.9	2.9	18.9
旧中間階級	40.0	22.6	20.0	26.9
全　体	66.4	32.3	17.3	40.6

注）1995年SSM調査データから算出．
出所）橋本[2006]による．

成績が「下」であったとしても、四割を上回るものが、高等教育に進学できるのである。

そこで橋本教授は、「進学率が本人の成績以上に、属性要因によって決定されている」[7]という事実から、「ゆとり教育」による「学力低下論」に疑問を投げかけている。つまり、「学校五日制や学習指導要領の改訂」による「ゆとり教育」が学力格差を生じさせて、それが格差構造を生じさせるという「学力低下論」は説得的ではないとしている。

というよりも、そもそも学力は学校教育のみによって決定されるわけではない。一九六六年にアメリカで実施された教育機会の平等に関する大規模な調査研究をまとめた「コールマン・レポート」は、教員の能力や経験、学校の設備や施設が、生徒の学力に与える影響は極めて小さく、生徒の学力は主として「家庭の社会経済的背景」によって決定されていることを明らかにしている。[8]

家庭内での親から子供に伝えられる「学びへの励まし」などをピエール・ブルデューは、「文化資本(cultural capital)」と名付けている。こうした「文化資本」のほうが学力には決定的な影響を発揮する。もちろん、新中間階級などの上層階級の家庭のほうが、「文化資本」を多く蓄積している。

このように学校教育が学力を引き上げるうえで限定的な影響しか及ぼしえないのだとすれば、学校教育を学力で評価することには問題がある。「文化資本」を蓄積している生徒の多く進学する学校の生徒の学力は、教師の能力や学校の設備などとは無関係に高まる。しかも、日本では学習塾が乱立している。学習塾の訓練が学力の増加に関係があるか否かは別として、少なくとも学力が高まると信じて、貨幣を学習塾に支払っているはずである。

さらにいえば、学力は進学には大きな役割を果していない。とすると、それにもかかわらず学校教育で学力を高めることが、なぜ目的とされるのかは理解できない話である。学力を高めることが、労働能力を高めることと結びつかないからである。学力の向上が労働能力に寄与し、生産性が上昇して経済成長がもたらされるというわけではない。というよりも、ますます単純な作業を多くして、労働賃金を抑制して、経済成長を実現しようとするのが、新自由主義の政策思想だからである。

そうだとすれば、学力は学校教育の二つの使命を果すために導入されているといってよい。それは非人間的労働に耐える服従、従順、勤勉などを教え込むために、学力競争の勉強へと駆り立てるためであり、さらに、市場における格差がメリトクラシーにもとづいていることを学校教育として正当化するためである。

学校教育では学力で生徒を序列づける。つまり、生まれとは無関係に学力で序列づけられると信じられている。生まれとは無関係に進学が決まる。さらに受けた学校教育によって、所得と階層が決定される。それ故に、メリトクラシーにもとづく市場の所得格差は正しいとされ、貧しい者は能力がないのだとしてあきらめなければならない。この

「あきらめ」も、学校教育により序列づけられる過程で身につけていくものである。つまり、市場社会に組み込まれている実質的不平等を形式的平等で糊塗することこそが、学校教育の使命なのである。

新自由主義にとっての学校教育の危機とは、学校教育が市場経済における競争の結果を正当化できなくなることにある。そのため学校教育に競争原理を導入し、学力を重視する。学校教育の差異は、生まれではなく学力競争の結果として正当化できるからである。

学力は競争を煽る手段にすぎない。それは国際的に学力が何位になったかを競うコンテストに及ぶ。そのコンテストに勝利することが、経済成長をもたらすわけでもないし、人間的能力を高めて幸福をもたらすわけでもない。しかし、競争心を植えつけ、競争の結果には従順に服従するという態度を身につけるのには役に立つのである。

人間は生来、競争心を抱いているわけではない。競争心を抱かせるには、子供たちを教育して、他者は敵だという競争原理を教え込まなければならない。既に述べたようにアメリカの社会学者アルフィ・コーン(Alfie Kohn)の指摘によれば、自然淘汰は競争を抑制することを求める。というのも、同じ「種」同士で競争をすれば、「種」の存続は脅かされてしまうからである。

そのため学校教育で子供達に競争を動機づけ、競争原理を身につけさせる。しかし、競争原理を埋め込まれると、他者と共同して社会を形成する能力が育たなくなってしまう。

社会とは他者との協力なしには生存ができない人間が、共同生活を営む「場」である。いやしくも人間が共同生活を営む社会というからには、「他者の成功に貢献すれば、自己も成功する」という「協力原理」が埋め込まれていなければならない。

だが、人間の社会には協力原理が埋め込まれていなければならないと主張すれば、人間は協力しあうほど、利他的ではないという悪魔の囁きが、必ず聞こえてくることは既に述べたとおりである。

しかし、敢えて繰り返すと、協力原理とは他者の成功が自己の成功となり、他者の失敗が自己の失敗となるという関係を形成することを意味する。それは、「情けは人のためならず」式に、長期的な利己的利益のために、利他的行為を相互遂行するという状況設定にほかならず、人間が利己的か否かという神学論争に結論を出す必要はないのである。

いやしくも社会が、他者との協力なしに生存することが不可能な人間の共同生活の「場」だとすれば、社会の構成員として成長しなければならない子供たちに教え諭す必要のあることは、他者への親近感、他者への思いやり、他者との相互理解であるはずである。つまり、他者の成功に献身すれば、自己も成功するという「協力原理」を身につけさせることでなければならない。

注

（1）知識社会についての考察として、大内（一九九九）がある。
（2）Putnam (1993) 参照。
（3）Ministry of Industry, Employment and Communications, Sweden (2001) 参照。
（4）知識社会と教育については、Statistics Sweden (2002) を参照されたい。
（5）内田（二〇〇七）参照。
（6）橋本（二〇〇六）参照。
（7）橋本（二〇〇六）、一六二ページ参照。
（8）橋本（二〇〇六）、一六三―一六四ページ参照。

第六章　知識社会における学校教育

1　教育体系への参加保障

新自由主義には未来へのヴィジョンがない。新自由主義では未来の社会は、競争の結果にすぎないと考えられているからである。

競争原理にもとづく市場機構のメカニズムは、社会を動かすエンジンにはなる。しかし、歴史の転換期には、エンジンを動かすアクセルを吹かしても意味がない。歴史の曲がり角ではハンドルを切らなければならないからである。しかも、ハンドルを切っている時に、「スピード、スピード」と連呼して、アクセルを吹かすと、社会は曲がり角で転倒してしまう。

競争では常に強者が勝利する。強者が勝利することを正当化することこそ、学校教育の使命として位置づけられる。しかし、現状の強者が強者として勝利する社会は、現状の社会の行き詰まりを打開しない。

重化学工業を基軸とした工業社会の行き詰まりを克服するには、アクセルを吹かせるのではなく、ハンドルをより人間的社会という方向に切らなければならない。そのためには人間の教育が決定的に重要となる。もちろん、より人間的な社会を目指すとするならば、人間的能力が重要になることはいうまでもない。

というよりも、より人間的な社会とは、知識社会のことにほかならない。農業社会であれば、人間が働きかける対象としての自然が生産の優劣を決め、工業社会であれば、人間が自然に働きかける手段である機械設備が生産の優劣を決めるかもしれない。しかし、知識社会ではエレクトロニクスを想起してみても、バイオテクノロジーや新素材を想起してみても、自然に働きかける主体である人間の知的能力が生産の優劣を決めることがわかる。

しかも、知的能力といっても、幅と深さのある「教養」であり、問題解決能力ともいうべき人間的能力である。そうした人間的能力は社会システムや政治システムへの参加を通じて身につけていく能力でもある。社会システムで培養されている社会資本と個人の人間的能力とを合わせて知識資本と呼ぶけれども、知識社会の経済システムではそうした知識資本の蓄積こそが必要となる。

市場社会では経済システム、政治システム、社会システムという三つのサブ・システムが社会の構成員を育成する教育機能を担っている。政治システムの担う学校教育には、アダム・スミスが主張するように、経済システムで必要な労働能力を養成する以上の意義がある。というのも、経済システムで必要とする労働能力は、単純な部分労働になってしまっているからである。

ところが、知識社会になると、学校教育の使命は一変する。経済システムで必要な労働能力が、人間の人間的能力の全体性を要求するようになるからである。

もちろん、ポスト工業社会としての知識社会における教育は、学校教育だけでは担えない。人間の人間的能力の全面開花が要求される以上、経済システムや社会システム、それに政治システムの教育機能を総動員する必要があるからである。

そのためには学校教育以外の社会システムや経済システムにおける教育機能を高め、社会全体として体系的な教育を形成しなければならない。とはいえ、そうした教育体系の基軸として、学校教育は教育機能を外延的に拡大し、かつ内包的に充実していく必要がある。

知識社会における学校教育の使命は、知識社会の教育体系への参加保障であり、それは知識社会そのものへの参加保障にもなる。つまり、学校教育は経済システムにおける労働市場への参加保障であり、社会システムへの参加保障でもある。

もちろん、社会システムにおける自発的な教育機能を高めなければならないが、それを高めるのは社会の構成員である。とはいえ社会の構成員が社会システムの教育機能を高める活動に参加するためにも、学校教育がその条件を整備する必要がある。

2 「金さえあれば」か「ただで」か

知識社会とは教育体系が整備された「学びの社会」となる。知識社会における学校教育の使命は、知識社会という「学びの社会」への参加保障にある。知識社会の学校教育とは「誰でも、いつでも、どこでも、ただで」が原則となる。というのも、知識社会の学校教育は、「学びの社会」への参加を保障しなければならないからである。

しかも、「学びの社会」への参加保障は、学校以外の教育への参加保障をも意味する。それは、学校教育への参加が「強制」ではないことを含意している。学校以外の教育と学校教育とは、学習者が評価し選択するけれども、学校教育への参加は「ただで」、つまり「無償で」保障しなければならない。学習者に選択する能力がないと判断する場合であっても、学習者の立場から選択されなければならない。

新自由主義の教育改革でも、自由と選択が合言葉となっている。しかし、この自由と選択は市場を説明しているにすぎない。それは購買力による選択の自由なのである。つまり、購買力にもとづいて、学校教育を自由に選択することなのである。

知識社会では学校教育が、「誰でも、いつでも、どこでも、ただで」が原則だとすれば、新自由主義の学校教育の原則は「誰でも、いつでも、どこでも、金さえあれば」である。新自由主義にもとづく教育改革を続けてきた日本では、高等教育に進学できるか否かは、学力よりも「金」が決めることである。

橋本健二教授によれば、日本学生支援機構の「学生生活調査」では、学生一人当たりの学費と生活費は、年間一九四万円にのぼり、下宿などをすれば二二七万円に達する。逆に後期中等教育で就職すると、正規従業員では二四〇万円程度の所得を獲得することができ、フリーターでも一〇〇万円程度の所得を手にすることができる(1)。

そうなると、低所得階層では進学を諦めざるをえない。実際、小杉礼子氏の調査によると、フリーターを選択する四一・四％までが「進学する費用が高い」ことを挙げている(2)。

「誰でも、いつでも、どこでも、ただで」を原則とする学校教育の参加保障は、次の三つの条件を満たさなければならない。

第一に、人間が誕生してから死の瞬間にいたるまでのすべてのライフステージで、制度化された教育つまり学校教育に参加する機会を保障するということである。人間には死の瞬間まで、自己を変革して成長していこうとする欲求があることから当然、導出される結論である。

第二に、いかなる人間にも、人間として成長する機会への参加が保障されるということである。それは障害者などを分離するセグリゲーション（分離教育）ではなく、学びの場を統合するインテグレーション（統合教育）、あるいは外国人、移民、難民などをも含めたインクルージョン（混在教育）として結実する。

第三に、それぞれの人間のかけがえのない能力を成長させるという観点から、技術教育、実用教育など、広汎な教育領域での教育を差別なく重視する。実用的な職業教育といえども、常に人間として成長する教育を統合させて実施していることに特色がある。

参加保障とは、「ただで」が基本原則となる。「誰でも」という原則は、貧しい者が排除されないという意味で、「ただで」を前提としており、「いつでも」という原則も、所得が稼得できない年少者でも高齢者でも教育への参加が保障されるという意味で、「ただで」を原則としているからである。

「ただで」学校教育を提供するということは、金銭的対価を要求されることなく、経済的に貧しい者でも学校教育を受けられることを意味する。それは、フォーマルな学校教育とは、共同社会の共同作業として実施することにほかならない。したがって、社会の構成員が共同意志決定で、つまり民主主義にもとづいて教育を社会の共同作業として実施することが前提になる。

それは学校教育が、市場経済から購入する財・サービスではないことを意味している。もちろん、「ただで」といっても、その費用は、共同社会が社会の構成員の共同意志決定にもとづいて負担するわけで、社会の構成員が共同負担をすることになる。それは学校教育がもたらす利益は、学校教育を受けたものではなく、社会の構成員が全体として受けると考えるからだといってよい。学校教育は共同意志決定にもとづく社会の共同作業であるが故に、「ただで」が原則となる。

もちろん、「ただで」を原則とすれば、学校教育の費用は租税という共同負担で賄われる。もっとも、学校教育の利益は学校教育を受けた者がより多く受けると考え、対価原則を導入することもありえる。

実際、新自由主義では、学校教育に対価原則が導入されて、授業料は市場原理にもとづく市場価格で決めるべきだと主張される。しかし、「学びの社会」である知識社会では、学校教育はあくまでも社会の共同作業である。そうだとすれば、学校教育は対価原則ではなく、等価原則で賄われる必要がある。つまり、学校教育の受益と負担は個々に対価とされるのではなく、社会全体として受益と負担が等価になっていればよい。

そうだとすれば、仮に学校教育に料金制を導入するにしても、料金は教育費用の一部に限定され、その料金も所得比例でなければ意味がない。つまり、部分的に料金を取るにしても、貧しい者は無料とし、所得が多くなるにつれ、所得に比例して負担させるべきである。

教育税を課税しているアメリカでも、学校教育を受ける子供がいようといまいと、また子供が学校教育を受けていようがいまいが、教育税は支払わなければならない。学校教育は社会の共同作業だからである。

3　学校教育の外延的拡大

知識社会という「学び」の社会では、学校教育は外延的に拡大し、かつ内包的に充実していくことになる。学校教育の外延的拡大とは、「誰でも、いつでも、どこでも、ただで」の原則に従って、学校教育の対象を拡大していくことにある。

「学び」とは人間が人間として成長していくことだと考えると、人間が人間として誕生したときから、「学び」は始まる。こうした「学び」を保障するためには、人間が誕生したときから、学校教育が用意されていなければならない。つまり、これまでの学校教育に就学する前に、フォーマルな教育として「就学前学校」が準備されるというように、学校教育が外延的に拡大していかなければならないのである。

スウェーデンでは「就学前学校」は「社会サービス法」によって規定されていたけれども、一九九六年からは、学校法にもとづくように改められ、所管も健康福祉省から教育省に移されている。しかも、一九九八年から五歳までの児童を対象として教育要領が制定されている。つまり、「就学前学校」がフォーマルな学校教育として位置づけられるようになったのである。

スウェーデンでは義務教育は、七歳から始まり一五歳で終わる九年間を就学期間とする基礎学校で実施される。ところが、一九九一年からは、希望すれば六歳児から基礎学校への就学が認められるようになった。さらに一九九七年からは、すべての六歳児を基礎学校へ就学させることを可能にする改革が実施された。しかも、二〇〇三年からはすべての四歳児と五歳児は、週一五時間無料で「就学前学校」に通学し、教育要領にもとづいた教育を受けられるようになったのである[3]。こうした改革は義務教育を延長したとも、就学前教育の一部を義務教育化したとも考えられる。

知識社会において「学びの社会」を形成しようとすれば、就学前教育を重視しなければならない理由がある。就学前教育を家族や地域社会に委ねずに、学校教育に委ねたとしても、子供の学力が伸びるとはいえない。学校教育は必ずしも学力を高めることに効率的とはいえない。むしろ学力には家庭内の「文化資本」が意味を有していた。

重化学工業を基軸とした工業社会では、こうした「文化資本」を女性が主として家族内で担っていた[4]。ところが、知識社会では女性も社会的進出をするようになり、家族内での教育機能が格差をともないつつ、弱まっていく。そこで衰退していく家庭内教育機能を、学校教育が代替していく必要が生じてくる。

こうした就学前教育は、家庭内の無償労働に従事していた女性を解放する。それは無償労働に従事していた者が、労働市場へ参加することを保障することにもなる。もちろん、地域社会における相互扶助的公共サービスの生産に、自発的に参加することをも保障することになる。

このように家族内での無償労働への従事者が、労働市場に参加するようになれば、当然ながら労働市場での労働時間を短縮することにも寄与することになる。こうして知識社会になると、労働時間が短縮されるため、家庭教育機能が強化されるとも考えられる。

そうだとすれば、労働時間を短縮して、家庭教育機能を活性化するためにも、学校教育としての就学前教育を保障する必要がある。こうした就学前教育の保障の結果として、学校教育と家庭教育が、それぞれ相乗的に強化されていくことになる。

しかも、外延的に学校教育を拡大するだけでなく、内包的にも学校教育を拡大しなければならない。学校教育の内包的拡大とは、これまで家族や地域社会という社会システムが担っていた教育機能を、学校教育の教育内容に吸収し、代替していくことを意味する。

「就学前学校」では家庭教育と同じように、「学びの社会」への参加を動機づける必要がある。つまり、「就学前学校」では家庭と同じように、「生」を受けた幼児が「学ぶ」ことを可能にしなければならない。

この世に「生」を受けた幼児は、家族内での生活行為に参加しながら、人間として学んでいく。つまり、家庭内での生活を手伝いながら学習し、成長していくことになる。

スウェーデンでは学校教育に先立つ就学前の学校を指す「保育園(daghem)」という言葉そのものが、「昼間の家庭」という意味である。もっとも就学前学校である「保育園」は、今では正式に「就学前学校(förskola)」と位置づけられているけれども、一八五四年に最初に「保育園」が開設された頃には、「託児所(barnkrubba)」と呼ばれていた。ところが、アルヴァ・ミュルダール(Alva Myrdal)が託児所に教育要素を導入することを提案し、一九四四年に財政支援が受けられるようになると、「保育園」と名付けられた。(5) この「保育園」ということばが、日本語で言えば「昼間の家庭」という意味である。

「昼間の家庭」というからには家庭と同じように、「就学前学校」はコミュニティごとに小さく設定されなければならない。しかも、「就学前学校」には家庭と同じようなキッチンが設置されていて、子供達に家庭と同じように「お手伝い」をさせながら、つまり子供達が料理をも手伝いながら、給食を準備していく。

日本の保育園では、給食施設があるといっても、子供達はまるで「餌」を与えられるかのように、あるいは市場での受身の消費者であるかのように、与えられるだけである。義務教育で給食費の未払い問題が生ずれば、サービスは「金」を払って買うものだという教育がされていないとか、給食は教育の問題ではなく、福祉の問題だと議論される。しかし、スウェーデンの「保育園」では家庭内での教育と同じように、料理を作るところを手伝い、学んでいくのである。

それればかりではない。子供達の家庭と同じように「おやつ」を作る。その「おやつ」を作るために、卵が必要となれば、「保育園」の鶏小屋に行き、卵をとってくる。幼い昔、鶏小屋に卵を取りにいくことは、家庭内での私の仕事だった。それを家庭と同じように、スウェーデンの「保育園」では教育として実施している。

スカンジナビア政府観光局の岡部翠氏は、こうしたスウェーデンの「保育園」で毎朝、繰り返される作業を、首都ストックホルム近郊の「ムッレボーイ保育園」を例に取りあげながら紹介している。そうした紹介をしながら、「この毎朝の作業によって、子どもたちは食べ物がどこから来るのか、そして食べ物を得るためには何をしなければならないのかということを自らの体を通して学ぶことができるのです。産みたてのまだ温かい卵を小さな手でそっと持ち運ぶ子どもたちは、きっと命の大切さも学ぶことでしょう」と、「学び」の原点を的確に説明している(6)。

もちろん、日本の教育関係者は、これは教育ではないと、にべもなく否定するに違いない。読み、書き、計算の反復訓練が行われず、スウェーデンの子供達は指を折って計算しているではないかと指摘する。これでは学力は身につかず、知識も詰め込まれないと非難する。ところが、世界経済フォーラムの発表する経済の国際競争力ランキングによるならば、スウェーデンは日本よりも遥かに上位に位置しているのである。

岡部翠氏の紹介によれば、「ムッレボーイ保育園」のシーブ・リンデ(Siw Linde)園長は、「子どもたちが求めているのは知識や情報ではありません。子どもたちは、五感を使った体験を通して全体を把握したいという好奇心でいっぱいです。自然のなかで起こる不思議なこと、奇跡と感じるようなこと、そして、それらの美しさを感じ取る感覚は体験や遊びを通してこそ身に着けられることなのです[7]」と語っている。

さらに続けてシーブ・リンデ園長は、「たとえば、子どもたちは、地球上の木をすべて切ってしまったらどんなことが起こるかを知っています。木がなくなれば、私たちが必要とする酸素がなくなります。子どもたちは、私たちを含めるすべての生き物が自然に依存していることを体験を通して理解しています。自らの経験で学んだことは忘れません。まだ文字が読めなくても、見たり、聞いたり、感じたりすることで学んでゆくのです。つまり、自然そのものが教科書なのです[8]」と結論づけている。

ここには「学びの社会」を目指すスウェーデンの教育理念が溢れている。人間は自らの経験を通して学ぶ。これが人間が学校教育以外で学んできたことである。生きる上での問題を認知し、問題を解決する能力を身につける。それが「教養」である。

家族やコミュニティという社会システムが担っていた教育機能は、こうした「教養」を身につける教育機能である。知識社会での学校教育は、こうした社会システムの教育機能を吸収し、代替しなければならないのである。

岡部翠氏はマイナス五度の寒さにもかかわらず、野外へ森へと足を踏み入れる「保育園」の子供達を生き生きと描いている。私が訪れた「保育園」では、気温がマイナス二〇度にもかかわらず、子供達は保育園の裏にある森へと元気に入っていく。スウェーデン人は「森の民」であり、「森に足を踏み入れない生活」はありえない。野外体験による「ムッレ教育」を実践する野外保育園がスウェーデンでは広がっている。

もちろん、こうした野外体験は、家族やコミュニティという社会システムでは、生活での体験を通して、子供達が学んできたものである。

日本では子供は満天の夜空に輝く星の美しさに感動することも、緑に包まれた森に足を踏み入れることもなく育っていく。森で野苺を摘むことも、野菊の花の美しさを愛でることもなく育つ。草花の芽を出すところも、動物の生命が誕生するところも、眼にすることはない。ましてや大地に種を蒔くこともない。

自然体験が欠如していれば、真理を見抜く能力は身につかない。風通しが悪いために病んでいるサルスベリを眼にしても、それが病んでいるのかすら認知できない。森から植物や動物が、忽然と姿を消しても、その異変にも気づかず、ましてやその原因に思いをめぐらす能力もない。もちろん、死せる川と生ける川とを区別する能力もない。

自然で生じている異変を認知し、それを解決しようとする能力は、自然体験を欠いてはありえない。こうした体験を通じて、疑問を抱き、真理を求めて「学ぶ」ことが動機づけられていく。

岡部翠氏によると、野外体験である「ムッレ教育」を取り入れている「保育園」は、一八六にのぼっていて、年間で約一万六〇〇〇人の子供達が「ムッレ教育」に参加して

いる。ちなみにスウェーデンの人口は九〇〇万人程度である。(9)

スウェーデンの「就学前学校」は、それぞれ「就学前学校」ごとの教育理念に従って運営されている。しかし、重視されているのは環境教育と情報教育であることが多い。環境も情報も子供達が「学び」、それを大人達に伝えた方が効果的だからである。

スウェーデンでは生ごみは出せない。家庭内にコンポストを設けて処理し、大地に戻さなくてはならない。家庭内では「手伝い」をすれば、おがくずを敷き、大地を戻す生物を育てることを学ぶ。もちろん、「保育園」でもコンポストで生ごみを処理することを、体験を通じて学んでいく。

もちろん、情報教育でもパソコンが「保育園」に、それとなく設置されている。興味を抱く子供達は、強制されることもなく、驚くべき早さで学んでいく。まさに「積ん読」の精神である。書物がそれとなく置いてあれば、子供達は興味のある書物をいつかは貪り読むようになる。

実際、スウェーデンの「保育園」には、家庭と同じように、玩具もそれとなく置いてある。ところが、その玩具は工夫されている。玩具で遊ぶことによって、文字の能力が身につく玩具、数学の能力が身につく玩具などが置いてある。数学で大切な連続の概念が感覚として身につく玩具もある。

「あの子は、文字に興味があるから、あの玩具で遊んでいるのですよ」と、私の訪れたスウェーデンの「就学前学校」の教員が教えてくれた。家庭と同じように、子供達に童話も読んで聞かせる。子供達が自ら「学ぶ」ことを重視するか否かは、優れた童話の創作数でもわかる。世界でいかにスカンジナビア諸国の童話が読まれているかに思いを馳せれば、それは容易に理解できるはずである。

4　共同事業としての学校教育

知識社会のもとでの学校教育は、「誰でも、いつでも、どこでも、ただで」の原則にもとづかなければならない。もちろん、就学前教育もこの原則にもとづくことになる。しかも、就学前教育は「学びの社会」への参加を保障し、動機づけるフォーマルな教育となる。そのためにも「誰でも、いつでも、どこでも、ただで」享受できなければならない。

スウェーデンでは「就学前学校」は、大きく三つに分類することができる。第一は、一歳から六歳までの児童を対象とする狭義の「就学前学校」である。第二は、四歳から六歳の児童を対象に時間保育を実施する半日就学前学校である。第三は、就学前学校や半日就学前学校に通園していない六歳児までの児童を対象に、都合に合わせて利用できる公開就学前学校である。このように「就学前学校」は、「誰でも、いつでも、どこでも」ニーズに合わせて利用できるように設置されていなければならない。

もちろん、「就学前学校」もフォーマルな学校教育として位置づけられる以上、「ただで」の原則にもとづかなければならない。学校教育は社会の共同作業だからである。それは「就学前学校」が「公立」でなければならないというわけではない。スウェーデンでは子供が誕生すれば、「就学前学校」に就学できる利用券が、基礎自治体であるコミューンつまり市町村から配布される。

もっとも、この利用券は無償ではなく、一部を自己負担しなければならない。しかし、その自己負担分は所得比例である。

スウェーデンの「就学前学校」には三つの設置形態がある。第一は、コミューンが設置した公立の「就学前学校」である。第二は、両親が結成した協同組合の設置する「就学前学校」である。第三は、教員が設置する株式会社形態の「就学前学校」である。いずれの設置形態の「就学前学校」であっても、利用券をもっていけば就学できる。「就学前学校」は受け取った利用券を、コミューンにもっていくと、児童一人当たりにつき一定額が支払われる。その児童が障害者であれば、割り増しされた金額が支払われる(10)。

このスウェーデンの「就学前学校」の利用券は、前述したように無償ではない。コミューンつまり市町村は、この利用券を配布するにあたって、一部料金の自己負担を求める。スウェーデンのソレンテューナ市でいえば、利用券つまりバウチャーは八万スウェーデンクローネだが、このうち七万八二〇〇クローネが租税によって負担されている。つまり、「就学前学校」の費用の大部分は、租税で負担されているのである。ごく一部が利用者負担となるが、それは、日本でいえば無料といってよいくらいの負担にすぎない。この利用負担には、「マックスタクサ」と呼ばれる上限制が設けられている。つまり、高額所得者の負担は頭打ちとなる。しかし、利用者負担部分は所得比例で負担することになっているので、貧しい者は負担によって利用が排除されることはない。「就学前学校」は社会の共同事業だからである。

公立の「就学前学校」では、地域住民の参加のもとにコミューンが運営する。つまり、市町村の教育委員会の指導のもとに教育が実施される。

両親の協同組合が設置する「就学前学校」は、両親達の教育理念にもとづいて、両親達が運営する「就学前学校」である。イタリアの教育学者モンテソーリの教育理念にもとづいて運営するとか、あるいはシュタイナーの教育理念にもとづいて運営するとかを、両親達の協同組合が決定することになる。

株式会社形態の「就学前学校」は、教員が教員の理念に従って設置した「就学前学校」である。もっとも、株主は教員である。教員が自らの理念にもとづいた教育を実施するので、株式会社といっても営利が目的ではない。「使命」が目的なのである。

教員の給与はいずれの形態であっても変わらない。同一労働同一賃金であるから、その教員がどのような資格をもっているかによって変化するだけである。

「就学前学校」の教育施設はコミューンが設置する。コミューンが設置して、公立であろうと、協同組合形態であろうと、株式会社形態であろうと、市場価格の賃貸料を取って貸し出す。したがって、どんな設置形態であろうと、コストは変わらず、コストの引き下げ競争は生じない。

コストは変わらないけれども、それぞれの就学前学校の収入は、利用券を何枚集めたかによって決まる。そのためには教育サービスの「質」で競争しなければならない。三歳以下の児童に対して、教員一人につき、三人以上の児童を割り当てれば、まず選択されることはない。

こうした教育サービスの「質による競争」は、学校教育全体に適用可能である。もっとも、その背後理念は、学校教育が社会の共同作業であるという協力原理である。しかし、それには学校教育の教育サービス提供が、無償であることが原則となる。

5　学校教育の内包的充実

知識社会では学校教育の対象を「誰でも、いつでも、どこでも、ただで」の原則にもとづいて、外延的に拡大していくとともに、内包的に充実していかなければならない。

知識社会の目指す学校教育の内包的充実とは、知識社会で社会システムや経済システム、さらには政治システムでも担われる教育機能を吸収し、学校教育を充実させるということである。それは社会システムが本来、担ってきた教育機能と融合させることによって、分裂していた教育機能を再統合することだといってもよい。

学校教育は共同社会の共同事業である。学校教育に責任を負うのは共同社会である。学校教育の内包的充実は学校教育を、経済システムの原理である市場原理と、政治システムの原理である支配・被支配の原理に分断してしまうのではなく、社会システムの原理である協力原理のもとに再生させることだといってもよい。

これは、社会システムと政治システムとの融合としての市民民主主義のもとに、学校教育を運営することを意味する。ペストフ(Victor Pestoff)によれば、市民民主主義とは「市民が要求する地域サービスの生産に直接参加し、したがって共同生産者になりうるところの、対人社会サービスの共同的自主運営を通した市民エンパワーメント」と定義される(11)。

もっとも、学校教育は本来、社会システムの教育機能に埋めこまれていたといってよい。それだからこそ日本でも、学校教育の行事は地域社会の行事ともなっていた。運動会、学芸会、文化祭なども、地域社会の行事として位置づけられていたといってもいいすぎではない。

ところが、日本では入学式も卒業式も、学期ごとの始業式も終業式も、学校の式典は国旗を掲げ、国家を斉唱し、校長先生が式辞を述べて、おごそかに執り行われてきた。こうした式典は、学校教育が日本では、地域社会の教育機能と融合されていたわけではないことを示している。というよりも、学校教育が地域社会から疎外されて存在していたことを表現しているといってよい。

しかし、学校教育を地域社会の教育機能と融合させているスウェーデンでは、学校の式典も地域社会の行事として催される。スウェーデンの学期ごとの終業式は、地域社会の象徴である教会で挙行される。両親や家族も参加し、教会の教師が子供達に祝福の言葉を述べる。

スウェーデンの作業療法士でもある河本佳子氏の紹介によると、卒業式では後期中等教育つまり高等学校の卒業式が最も派手だということである[12]。家族というよりも親戚中が卒業式に集う。教会の卒業式を終えた生徒は、花束をもち、飾りを凝らした自動車や馬車などの乗り物で、街を走り回って自宅へと帰っていく。自宅に戻れば、街をあげての盛大なパーティーが開かれる。つまり、子供達が育った地域社会が挙って卒業を祝福するのである。

課外活動としてのクラブ活動も、スウェーデンでは日本のように、学校の内部で閉ざされてはいない。地域社会にあるサークル活動に子供達が参加していく。サッカーであれば、地域社会のクラブサッカーに子供達も参加していく。子供達が育っていく地域社会の教育機能が生き生きと機能しているからである。

地域社会での学校教育は、地域社会の教育機能と融合させなければならない。経済システムでは人間の人間的能力として幅と深さのある「教養」が要求され、政治システムでは「連帯民主主義」としての参加能力を培うことが要請される。学校教育はそうした使命を、社会システムの共同体的関係を基盤にして果さなければならない。佐藤学教授の言葉で表現するならば、「教養の伝承(リテラシー)」と「民主主義(デモクラシー)」と「共同体(コミュニティー)」という「三つのキャノン(規範)」の復権だといってもよいだろう。

スウェーデンでは就学前教育から政治システムへの参加の能力と、政治システムで影響力を持つことを学んでいる。一九九八年に制定された就学前教育の指導要領には、子供達が自己の意思を社会の形成に反映させることを目指した「子供の影響力・参加(Barn inflytande)」の項が設けられている。そこには、「デモクラシーの意味を理解すること。子どもの社会的な成長は、それぞれの能力に応じて自らの行動や環境に対して責任を持つことにより促される。教育活動の計画や就学前学校内の環境作りに当たり、子どもの要求や関心を尊重するべきである」と定められている。(13)

その上で、次の三つの目標が掲げられている。

第一に、自分の考えや意見を表現する能力を成長させ、自分の置かれている環境に

影響を与えることができるようになること

第二に、自分の行動や、「就学前学校」内の環境に対して責任を持てるようになること

第三に、さまざまな協同作業や決定過程への参加を通して、デモクラシーの原則を理解しそれに沿った行動ができるようになること

このように社会の構成員として、社会の共同意志決定で、自己の意見を形成し、影響力を与えるとともに、共同意志決定に責任を持つ能力を身につけることを学ぶことになる。

基礎学校に入学すると、選挙が近づけば、それぞれの政党の公約を調べて、ロール・プレイングで意見を戦わせる。それだからこそ、スウェーデンでは一九歳の少年が、国会議員として登場することになる。

スウェーデンでは選挙権も被選挙権も、一八歳である。日本でも二〇歳(二〇一六年からは一八歳)になって選挙権が与えられれば、選挙権を行使しようと子供に教えている。それが民主主義の基礎だとも教えている。

しかし、スウェーデンではまったく違う。(14) スウェーデンでは一八歳になると、あなたは「選挙する」権利と、「選挙される」権利を持つので、「選挙される」権利を行使しようと、子供達に教え、あなたが希望すれば、政党はあなたを候補者リストに載せてくれ

るであろうと指摘している。

スウェーデンでは比例代表制なので、政党が候補者リストの上位に載せてくれれば、当選することができる。スウェーデンでは人口が九〇〇万人程度なのに、地方議員は六万人はいる。少し前までは二〇万人もいた。つまり、地方議員に当選する確率は極めて高いのである。

しかし、選挙に出て議員になることは、誰にでもできるわけではないし、誰もが望むわけでもない。しかも、選挙は四年に一回で常時実施されるわけでもない。そこでスウェーデンでは政治に影響を与えるために、「新聞に投書しよう！」「地元のラジオで喋るよう努力しよう！」「政治家と連絡を取って個人的に話し合ってみよう！」と、子供達に教えている。

しかし、こうした方法も誰もが好むというわけではない。そうした場合には、スウェーデンでは子供達に次のように教えている。[15]

人は一人では無力です。何かに影響を与えたいとき、成功を勝ち取るのは他の人々と一緒にやるときです。多くの人々が集まりデモをすれば、統治者はより真剣に耳を傾けようとしますし、マスメディアのより大きな関心も引き付けることになります。大勢が一緒にやれば、良い考えが生まれてくるものですし、交渉力も増加して敬意を呼び起こし、成功への可能性を高めます。

とはいえ、こうした方法を嫌うのであれば、日本でいえばＮＰＯなどの市民組織、地域組織、それに労働組合などの団体への参加を教えている。このような団体に参加し、行動すれば、政治に大きな影響を与えることができるからである。

このようにスウェーデンでは、政治への参加を子供達に、手を替え品を替え教え、学ばせている。もちろん、行動をすれば、目的が実現するというわけではないけれども、必ず大きな前進のあることを学ばせている。日本は明らかに、民主主義を担う社会の構成員を育成することに失敗している。

6　「勉強」から「学び」へ

学校教育を外延的に拡大し、内包的に充実するといっても、コーレ・オルソンの思想にもとづけば、学校教育のできることは、「自ら学ぶ状況をつくる手助け」と「学ぼうとさせる刺激を与えること」にすぎない。しかし、心配はいらない。「人間は誰でも、適切な動機づけがあれば、驚くほどの速さで学習するもの」だからである。

そのためには佐藤学教授の言葉を口真似すると、「勉強」から「学び」へと転換させることである。「勉強」から「学び」への転換は、「盆栽型教育」から「栽培型教育」への転換だといってもよい。

前述のように「勉強」とは「無理すること」を意味する。工業社会の学校教育は「勉強」あるいは「盆栽型教育」を実施してきた。しかし、工業社会が成熟化すれば、「勉強」に耐えることを子供達は拒否する。人間本来の「学びへの欲求」が頭を持ち上げてくるからである。

スウェーデンの基礎学校の一年生は、日本でいえば小学校の一年生にあたる。この小学校一年生の教室を眺めても、日本のように教壇に向かって、生徒の机が並べられていない。というよりも、教師の教える教壇すらない。

教室はいくつかのグループに分けられて、椅子が円状に並べられているにすぎない。生徒達はグループごとに討議し、自分が学んだことを他者に伝えていく。

『被抑圧者の教育学』を著したパウロ・フレイレ(Paulo Freire)の言葉で表現すれば、それは「伝達から対話へ」の転換である。[16] それは佐藤学教授が主張する「互恵的な学び(reciprocal learning)」だといってよい。

知識社会でも知識とアイディアを惜しみなく与え合わなければならない。学校教育は「勉強」から「学び」へ、それも「協同的な学び」あるいは「互恵的な学び」へと舵を切っていかなければならない。[17]

もちろん、スウェーデンでも教師が生徒に教えるということがないわけではない。サンドレルが指摘するように、講義形式のほうが効率性があると考えられることもあるからである。

とはいえ、私の経験では、その選択も「学習者」である生徒に委ねられている。つまり、教師の講義を受けたい生徒は講義を受け、受けたくない者は自己学習をしているからである。

スポーツも学校では、「教える」のではなく「する」ことになる。河本佳子氏によれば、学校で必ず「する」スポーツとして、スウェーデンでは水泳とアイス・スケートがある。それは生きるために必要な「技」だからである(18)。

「技」とはできることを意味する。水泳は溺れないために、アイス・スケートは海も凍結するスウェーデンでは、生きるために必要だからである。

こうしたスポーツを「する」ことも、地域社会と融合して実施される。市場原理に踊る日本では、市場でスポーツを「観客」として購入する施設は溢れている。市場原理を信仰する日本社会は、「観客社会」だからである。

スウェーデンでは工業社会で工業生産物を購入するように、スポーツを「観客」として購入することはあまりない。スウェーデンの地域社会には、地域住民がスポーツを「する」施設が溢れている。

こうしたスポーツを「する」施設を利用して、学校教育でスポーツを「する」ことになる。スウェーデンは「観客社会」ではなく、「する社会」であり、「参加社会」だからである。

スウェーデンではむしろ、学校の「する」施設が、学校教育を阻害しない限りにおいて、地域住民に開放されている。図書館もそうである。学校の図書館は、地域住民の図書館としての機能も果している。

「勉強」の評価は序列づけである。「学び」の評価は、それぞれの人間が、それぞれの掛け替えのない能力を、いかに成長させたかになる。スウェーデンの基礎学校では、学業成績を評価しない。正確に表現すれば、序列づけをしない。というよりも、評価とは本来、それぞれの人間の伸ばすべき長所を見出すことだと、理解されていると表現した方がよいかもしれない。

学期の終わりごとに、スウェーデンの基礎学校では、教師と生徒と保護者による成長懇談会が開かれる。この成長懇談会を開くにあたって、生徒はあらかじめ、自分の学業成績と教師の教え方を評価した書類を提出する。

この書類を参考にしながら、生徒と教師と保護者で、生徒をどのように成長させていくか、あるいは生徒はどのように成長していくかを話し合う。河本佳子氏によると、生徒が教師の指導では理解できないといえば、教師は教え方を改めなければならない。生徒が学習意欲のある「学び」は伸ばされる。誰もがピアノを習うのではなく、興味のある生徒が習う。生徒の保護者が特別指導を望めば、次の学期からは特別教師の指導が週に何日か受けられることになる。

もっとも、スウェーデンでも基礎学校の九年生になると学業成績で評価される。スウェーデンの基礎学校は九年制で、初等教育と前期中等教育が一緒になっている。日本でいえば小学校と中学校の一貫教育ということになる。

基礎学校の九年生になると、後期中等教育への進学を決定しなければならない。したがって、基礎学校の九年生になると成績表が必要となる。正確に表現すれば、基礎学校の九年生になると、初めて成績表が、生徒に渡される。

もっとも、進学を希望する者は全員、後期中等教育つまり高校へと進学できる。しかし、希望の高校へと進学できるか否かは、成績表で決定される。希望の高校進学ができなければ、進学せずに次の年に成績を上げて、再度挑戦することができる。

このように「学び」の評価は、それぞれの人間の能力をいかに成長させていくかという視点から評価されなければならない。「学び」はそれぞれの人間の適性に合わせればよい。河本佳子氏によると、スウェーデンの基礎学校には算数の教科書も、レベルに合わせて多様なものが存在する。それぞれの人間の「学び」の速度に合わせて、「学び」は進めていけばよいからである。

7　やり直しの利く学校教育

スウェーデン政府は知識社会になれば、「同質な人間ではなく、異質な人間が重要となる」と説明している。異質で知的水準の高い人間が成長するには、後期中等教育以上の学校教育が重要な意義を持つ。

知識社会を目指すスウェーデンは、一九九〇年代から後期中等教育の改革に乗り出す。一九九一年の教育法の改正によって、一九九二年から基礎教育修了者全員に対して、コミューンつまり市町村が後期中等教育を提供することが義務づけられた。その結果として、後期中等教育への進学率は九八％となり、実質的に後期中等教育は義務教育になったといってよい。

というのも、スウェーデンの後期中等教育は、無償教育だからである。というよりも、スウェーデンの学校教育はすべて無償である。義務教育である基礎学校は、もとより無償である。授業料や教科書代はいうにおよばず、教材からノート代にいたるまで、すべて無償と学校法で決められている。もちろん、給食費も無償である。したがって、日本のように、給食費の未払いが憎悪を交えた争いの対象となることはない。

後期中等教育では教材費や給食費については無償ではない学校もあるとはいえ、授業料は無償である。さらに高等教育もすべて、授業料は無償である。

スウェーデンの後期中等教育は、二つの準備教育として位置づけられている。一つは、高等教育の準備教育、もう一つは、職業のための準備教育である。

高等教育の準備教育は、自然科学プログラム、社会科学プログラム、芸術プログラムの三つに区分されていたけれども、知識社会に対応するため、二〇〇〇年からは新たに電子技術プログラムが設けられている。しかも、一九九〇年代からは高等教育の準備教育を目的とした普通科ばかりでなく、職業の準備教育を目的とした職業科からも、高等教育への進学が可能となっている。

もちろん、高等教育では研究活動が重要となる。スウェーデンには高等教育機関として、国立の総合大学が六つあり、これに国や市町村が共同で運営する専門大学がある。総合大学にしろ専門大学にしろ、研究活動と結びついていなければならないとされている。

しかし、知識社会に対応する上で重要な点は、スウェーデンの高等教育法で高等教育の基本原則が、「生涯教育」と定められている点である。つまり、後期中等教育を含め、「いつでもやり直し」の利く、学校教育となっているのである。

スウェーデンに学べば、知識社会の高等教育は、「誰でも、いつでも、やり直しが利く」ように、デザインされていなければならない。もちろん、「ただで」が原則である。

スウェーデンの大学には、入学試験はない。後期中等教育で入学試験がないのと同様である。高等教育つまり大学への進学は、後期中等教育つまり高校での成績とともに、職業経験で決められる。だからこそ、職業経験を積んでからの大学進学が容易となる。

スウェーデンで高等教育を受けている者は、スウェーデンの人口の二％にあたる約一七万人である。その平均年齢は二八歳である。「いつでもやり直しが利く」からである。

もちろん、大学を修了すれば学士号が、大学院の修士課程を修了すれば修士号が、博士課程を修了すれば博士号が授与される。それと同時にスウェーデンでは、高等教育が職業資格と密接に結びついていることが重要である。

医学部に進学して必要な単位を取得すれば、医師になれる。法学部に進学して必要な単位を取得すれば、弁護士になれる。薬学部に進学して必要な単位を取得すれば、薬剤師になれる、というようにである。したがって、薬剤師になるための資格試験はないのである。

もちろん、単位を取得するためには、学ばなければならない。しかも、単位は合格するまで、何度でも受けなおさないと取得できない。遊んでいれば、繰り返し、繰り返し学びなおすことになる。

高等教育の授業料が無償だとしても、職業を止めてから進学するとすれば、生活費が問題となる。しかし、スウェーデンでは「学ぶ」者の生活費は保障されている。

そもそもスウェーデンでは子供の生活費、つまり子供の「衣」と「食」にかかる費用は、すべての一六歳以下の子供達に児童手当として支給される。さらに子供が三人以上になると、多子付加手当が給付される。

子供が基礎学校を修了して、後期中等教育に進学すれば、すべての進学者に修学補助金(studiehjälp)が給付される。この修学補助金は児童手当の延長としての学習手当に加え、通学交通費などが含まれている。

二〇歳を越える大学生あるいは高校生に対しては、学習手当と教育ローンがある。学習手当は無償で支給される。教育ローンは教育費をローンするわけではない。教育費は無償だからである。

教育ローンは生活費をローンする。教育ローンは最高六年間のローンを受けることができる。大学を修了してから、職業に就き、その収入で少しずつ返済していけばよい。

高等教育をいつでもやり直せるということは、真に高等教育で学びたい者だけが学ぶことを意味する。生涯教育とは真に学びたいと思う時に学べることを意味している。

ストックホルム大学の訓覇法子研究員は、「スウェーデンの生涯教育制度のシステムがなかったら、私は第二の人生のスタートを切れなかったし、研究者としての今にたどり着くことはできなかったであろう」と感慨を込めて述べている[19]。

知識社会では学校教育を初等教育、中等教育、高等教育と階層的に体系づけるのではなく、絶えざる「学び」が可能となるように再生されなければならないのである。

注

(1) 橋本(二〇〇六)、一六五ページ参照。
(2) 橋本(二〇〇六)、一六五ページ参照。
(3) 秋朝(二〇〇六)、二九—三一ページ参照。
(4) 産業構造の変化とジェンダーとの関係については、大沢(二〇〇七)を参照されたい。
(5) 秋朝(二〇〇六)、二五—二六ページ参照。
(6) 岡部編(二〇〇七)、「はじめに」vページ参照。
(7) 岡部編(二〇〇七)、「はじめに」ixページ参照。
(8) 岡部編(二〇〇七)、「はじめに」ix—xページ参照。
(9) 岡部編(二〇〇七)、「はじめに」viiページ参照。
(10) 神野(二〇〇二)、一五〇—一五三ページ参照。
(11) Pestoff(1998)参照。
(12) 河本(二〇〇二)、五四ページ参照。
(13) 秋朝(二〇〇六)、三二ページ参照。
(14) 以下については Lindquist och Wester(1991)、訳書一三〇—一三二ページを参照されたい。
(15) Lindquist och Wester(1991)、訳書一三一ページ参照。
(16) Freire(1970)を参照されたい。
(17) 「勉強」と「学び」については、佐藤(一九九九)、一〇二—一〇六ページを参照されたたい。

(18) 河本(二〇〇二)、八三ページ参照。

(19) 訓覇(一九九一)、一六七ページ。

第七章　知識社会における教育の体系化

1　学校教育と成人教育

教育は社会全体で担われ、学校教育は社会全体で担われる教育の一部にすぎない。とはいえ、学校教育は市場社会になって教育が分裂現象を生じるが故に登場する。知識社会になると、社会全体の教育の結節点として、学校教育は再生されなければならない。つまり、学校教育は知識社会に移行するにともなって膨張する社会全体の教育の基軸として再創造されなければならない。

そのために学校教育は外延的に拡大し、内包的に充実していく必要がある。しかも、やり直しの利く学校教育として再生していかざるをえない。

つまり、学校教育がやり直しの利く学校教育として再生するということは、学校教育が外延的拡大と内包的充実を実現していくということの別名だといってもよい。やり直しの利く学校教育を目指すことは、生涯学習戦略と呼ばれている。それは学校教育が学校教育以外の教育とも結びついていくことを意味している。

「生涯学習戦略は、知識社会を推進する主要な手段として役に立ちうる」と、二〇〇一年に開催されたOECDの「国際レベル教育委員会会合」は提唱している。こうした知識社会を支える生涯学習戦略は、学校教育を外延的に拡大かつ内包的に充実しながら、社会の様々な教育機能と結びつけなければならない。

それは「リカレント教育」という言葉に象徴されている。一九七三年にOECDが発表した『リカレント教育——生涯学習のための戦略』では、リカレント教育を「すべての人に対する義務教育または基礎教育終了後の教育に関する総合的な戦略であり、その本質的特徴は、個人が生涯にわたって教育を他の諸活動と交互に、特に労働と、しかしまた、余暇活動および年金生活者生活とも交互に行なうという仕方にある」と定義されている。

伊藤正純教授(桃山学院大学)によると、そもそも「リカレント教育」とはスウェーデン語(återkommande utbildning)の英訳である。[1] それはストックホルムの旧市街で暗殺の悲劇で命を落としたパルメ首相が、教育相であった一九六九年に、フランスで開催されたヨーロッパ教育会議で、スウェーデンの一九六八年の高等教育改革を紹介する際に使用した言葉である。[2]

知識社会を目指し、**図9**に示したようにリカレント教育の概念を生み出したスウェーデンの教育体系は、学校教育と成人教育との二本立てから構成されている。既に述べたようにスウェーデンの学校教育は、義務教育、後期中等教育、高等教育の三段階に分かれる。

七歳から始まる義務教育は、一五歳までの九年間が就学期間である基礎学校で実施される。一九九一年からは、希望すれば六歳児から基礎学校への就学が認められるようになった。さらに一九九七年からは、すべての六歳児を基礎学校へ就学させることを可能にする改革が実施されたことは、既に述べた通りである。

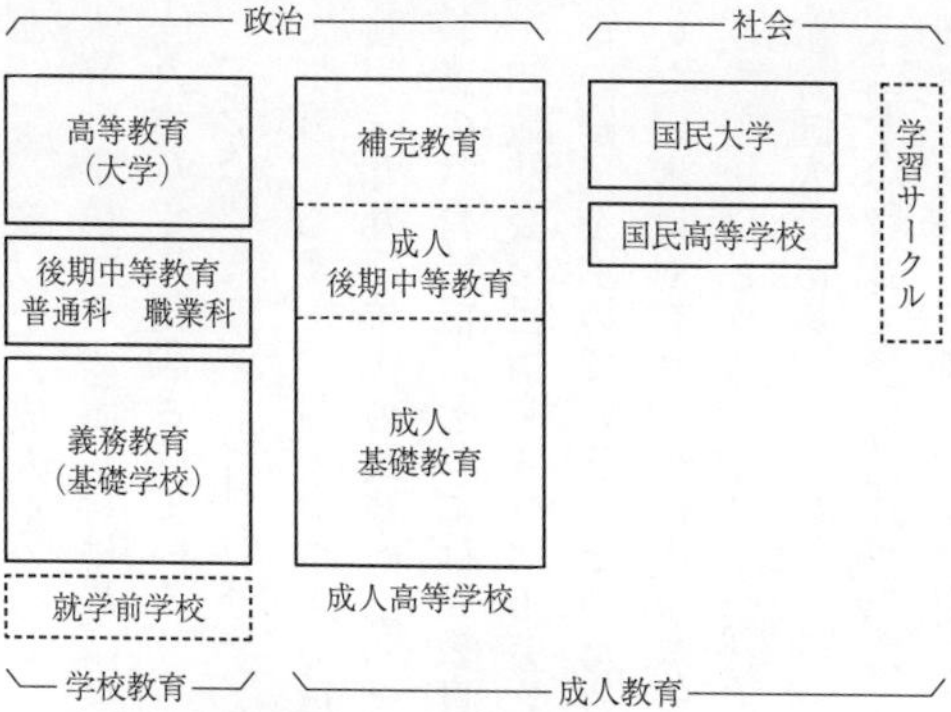

政治　社会

高等教育（大学）
後期中等教育　普通科　職業科
義務教育（基礎学校）
就学前学校
補完教育
成人後期中等教育
成人基礎教育
成人高等学校
国民大学
国民高等学校
学習サークル

学校教育　成人教育

出所）神野直彦［2002］『人間回復の経済学』

図9　スウェーデンの教育制度

この九年間の基礎学校を修了すると、三年間の後期中等教育に進学することになる。さらに大学や専門大学からなる高等教育によって、スウェーデンの学校教育は形成されている。こうした学校教育とともに、成人教育が存在するところに、知識社会を目指すスウェーデンの教育体系の特徴がある。

2　成人教育の展開

スウェーデンではコミューンつまり市町村

が、二〇歳以上の成人を対象とする教育機関であるコンブックス(komvux)つまり「成人高等学校」を設置しなければならないことになっている。この「成人高等学校」は、一九六八年に創設されている。

「成人高等学校」の目的は二つあった。一つは、世代間に生ずる教育ギャップの解消であり、もう一つは、いつでも成人が学校教育に戻れるようにすることにあった。しかし、一九九〇年代の改革によって、「成人高等学校」は後期中等教育の教育機能、義務教育の教育機能、それに補完教育を実施することになったのである。

知識社会を目指すスウェーデンでは、労働市場に参加するには原則として後期中等教育の修了を求めている。そのため何らかの理由で、後期中等教育までの教育を修了していない者に対して、後期中等教育課程までの教育機会を提供することが、「成人高等学校」の任務となる。「成人高等学校」における義務教育課程の受講者は、そのほぼ半数が外国人である。

「成人高等学校」は同時に、後期中等教育修了者に対して、補完教育と呼ばれる職業教育を実施する職業訓練機関でもある。つまり、学校教育で修得した人間的能力を、職業的能力に結びつけるように補完する教育をも実施しているのである。

前述のように、労働市場に参加するには、後期中等教育の修了を求めている。しかし、後期中等教育を修了しても、就職先を見出せない二〇歳までの者に対しては、コミューンが責任をもって対策を講じなければならないことになっている。「成人高等学校」の補完教育は、こうした未就職者対策としても機能している。

「成人高等学校」は失業者の職業転換を促進するためにも動員されている。スウェーデンでは、一九九七年から知識向上プロジェクトを展開し、国民全体の知的能力の向上をはかるとともに、知識社会に対応した職業転換を推進した。この知識社会に対応した職業転換を推進する政策が、一九九七年からスタートした「成人教育計画」である。成人教育計画では、失業者のなかで後期中等教育を受けていない者にターゲットが絞られている。

社会民主労働党政権は一九九七年から五年間、「成人高等学校」の定員を大幅に増加するとともに、一九九六年から三年間、試行的に成人高等学校に新たに職業訓練を実施させた。後期中等教育を受けていない失業者に後期中等教育を受講させることはもちろん、後期中等教育修了者を対象として、知識社会に対応した高度職業教育を行うことも、「成人高等学校」の任務となったのである。これが成人高等学校の補完教育である。

3　学びと働きの懸橋

知識社会では学校教育と労働とが有機的に関連づけられて、人間が人間的能力を成長していけるように、学校教育と成人教育が体系的に結合されていかなければならない。

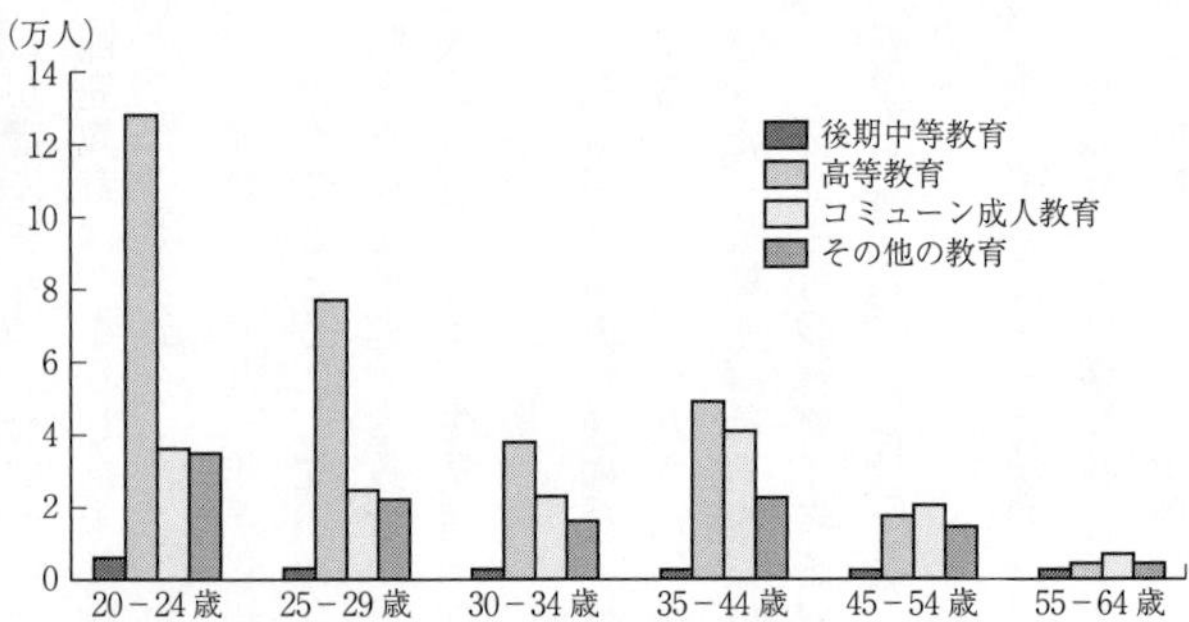

注)「その他の教育」には，大学入学準備，専門的職業教育，国民高等学校，後期初等教育，労働市場プログラム，その他政府の教育助成を受ける学生が含まれる．

出所) Statistics Sweden "Participation in education autumn term 2002," 2004/05/12 Updated, 〈http://www.scb.se/templates/Product_9589.asp (2004/08/02 検索)〉より作成．吉澤康代[2006]「働く ── ワーク・ライフ・バランス」(岡沢憲芙・中間真一編『スウェーデン ── 自律社会を生きる人びと』早稲田大学出版部，所収)．

図 10　スウェーデンにおける年齢別就学者数(2002 年秋学期)

学校教育で身につけた能力と、労働を通してさらに人間的能力を高め、さらにまた学校教育あるいは成人教育に戻り、人間的能力を高めて労働に戻るという循環が形成されている必要がある。

図10をみれば、スウェーデンでは多くの成人が高等教育ばかりでなく、「成人高等学校」などを幅広く受けていることがわかる。このように「誰でも、いつでも、どこでも、ただで」学校教育や成人教育を受けることを可能にするには、学校教育や成人教育を「ただで」受けることができるという原則を確立しなければならない。それとともに労働と、学校教育あるいは成人教育との往き来

を可能とする参加条件を整備しなければならない。

スウェーデンにも職業紹介所とともに、労働市場省が所管する職業訓練所がある。失業すれば、職業紹介所に行く。そこで自分の職業能力を登録して、職業を見つけることができれば問題はない。

もちろん、失業期間の生活を支えるためには失業保険が必要となる。スウェーデンの失業保険は任意で所得比例で給付される失業保険である。それでも雇用者の九〇%をカバーし、失業前の所得の八〇%が給付される。給付期間は原則として三〇〇日である。

この所得比例保険以外に、失業保険の加入資格を満たさなかった者や、失業保険に加入しなかった者に、定額で支給される基礎保険がある。こうした失業保険に支えられながら、失業者は職業紹介所に失業登録を行う。

失業者が失業登録を行い、失業保険の三〇〇日という給付期間に、六カ月以上にわたって就労できなかった場合には、「活動保障プログラム」に移行する。失業保険の給付を受ける三〇〇日とは、実際にはほぼ一四カ月に相当する。したがって、一四カ月の間に三〇〇日以上、就労できなかった場合には、「活動保障プログラム」に移行することになる(3)。

というのも、知識社会へと産業構造が転換し、必要となる職務能力が変動していけば、既存の職業能力では就職先が見つからないことになる。そこで「活動保障プログラム」

では職業訓練所が、職業能力を高める指導をする。

例えば旋盤工という既存の職業能力では就職は無理だが、プログラマーの職務ならあるとする。そうなると、職業能力の再訓練が必要となる。もちろん、そうした職業訓練は職業訓練所で実施される。職業訓練所に加えて、一九九六年からは知識社会に対応して、試行的に「専門的職業教育(Kvoriticerad Yukesutbilding)」が実施されて、二〇〇二年からは制度化されている。

この「専門的職業教育」は、後期中等教育や高等教育という学校教育とともに、企業とも連携を取りながら、後期中等教育修了程度の訓練者を対象として、一年から三年の訓練機関で中堅的職業人を養成していく。

この「活動保障プログラム」に参加していると、企業は訓練者を試験的に雇用することができる。この試験的雇用の期間は六カ月である。試験的雇用期間の賃金の七五%を政府が負担することになっている。

もちろん、その企業でそのまま雇用されれば問題は解決される。しかし、継続的に雇用されなくても、この試験的雇用で、どのような能力が必要かがわかる。ここで重要な事は職業訓練だけでなく、学校教育の再教育とも関連づけることである。

その職務を遂行する能力が不足していた場合、職業訓練だけですめば、職業訓練校で職業訓練を受ければよい。ところが、例えばプログラマーになるには、後期中等教育を受けなおす必要があるということになれば、「成人高等学校」つまりコンブックスに入学することになる。

したがって、「成人高等学校」の後期中等教育課程で、学校教育を学びなおすことになる。もし基礎学校過程つまり義務教育課程から学びなおす必要があれば、「成人高等学校」の基礎学校過程に入学することになる。もちろん、こうした例はあまりなく、「成人高等学校」の基礎学校過程の入学者の半分以上が外国人であることは、既に述べたとおりである。

このように「成人高等学校」は、失業者の職業転換を促進するためにも動員されている。もちろん、既に述べたように、この「成人高等学校」の補完教育は、学校教育の補完教育としても機能する。つまり、学校教育の後期中等教育を修了し、職業に就くことを希望しているにもかかわらず、就職ができなかった場合には、この「成人高等学校」の補完教育課程に入学する。そこで職業訓練を受けて、就職していくことになる。このように「成人高等学校」の補完教育は、後期中等教育修了者の未就職者対策としても機能しているのである。

しかし、知識社会では失業しなくとも、知識社会に対応すべく、職業能力をステップアップすることのできる教育機能が整備される必要がある。というよりも、人間が自発的に学びたいと思った時に学べなければならない。スウェーデンではすべての教育が無償であるため、大学に入りなおす場合も無償である。しかも、後期中等教育を修了した二五歳以上の国民で四年以上の実務経験をもっていれば、簡単なテストで大学にも入学できる。もちろん、後期中等教育を修了していなければ、「成人高等学校」に入学することになるが、「成人高等学校」も無償である。

しかし、ステップアップするために、転職しようとすれば、たちまち生活費に事欠くことになるだろう。そこでスウェーデンでは教育休暇という制度が設けられている。一九七五年にスウェーデンでは、「教育休暇に関する法律」が制定され、教育を受けるために休暇を取得することが保障されている。勤務期間が二年を超えれば、最長で一年の教育休暇を取得でき、この期間中は賃金の六八％が教育手当として給付される。

二〇〇二年には、一〇に達するコミューンが、「サバティカル制度」の政策実験を実施した。このサバティカル制度は二年間である。二〇〇五年からはこの政策実験を踏まえて、スウェーデン全体でサバティカル制度が導入されている(4)。

さらにリリーフ制度というものがある。このリリーフ制度は教育休暇などの休暇を取得する人のリリーフ要員として、失業者を一時的に雇用する制度である。教育休暇は職業能力をステップアップするために取得できる制度であるが、これが失業者に働く機会を与えることにもなっているのである。

こうした教育休暇制度、リリーフ制度に加えて、既に述べた教育ローンがある。教育ローンは生活費が支給され、学びたいと思う時に学べるのである。

4　学び合う運動

知識社会を支える「学びの社会」では、「誰でも、いつでも、どこでも、ただで」の原則のもとに、学校教育と成人教育の教育体系が形成されなければならない。しかも、そうした学校教育や成人教育と、知識社会での経済システムにおける職業とを、往き来する条件が整備されなければならない。

しかし、知識社会を突き動かす動力は、あくまでも社会を構成する人間の「学び」の欲求である。つまり、国民の学ぼうとする学習運動であり、国民の教育運動である。

既に述べたように、スウェーデンでは一九世紀後半の軽工業から重化学工業へと産業構造が転換していく歴史のエポックに、国民教育運動が展開していく。それは禁酒運動、自由教会運動、労働運動が絡み合った国民運動から生まれ、協同組合運動などとともに台頭する。そのシンボルは「学習サークル」である。

重化学工業を基軸とした工業社会から知識社会への転換期にも、国民教育運動つまり国民が「学び合う」運動が高揚していく。一九九七年からスウェーデンが展開する「知識向上プロジェクト」で、「学習サークル」は重要な役割を果す。特に情報技術関連の「学習サークル」への参加率が急増し、職業転換を推進することを可能にしたのである。

既に紹介したように「学習サークル」とは、国民が互いに学びあうための「友人の集い」ともいうべき、学びの組織である。「働く友人の集い」ともいうべき労働組合が主導して組織し、それに生活協同組合、さらには政党と深く結びつくことになる。

学習サークルでは参加者の意志のもとに、語学、美術・音楽などの芸術、社会科学、自然科学、文学や歴史などの人文科学など、幅広い学習プログラムが提供される。仕事を終えた人びとが飲酒、パチンコ、ゲームセンターなどで孤独な快楽にふけることもなく、自主的に学習サークルに通ってくる。人間にとって人間として高まっていく、「学ぶ」ことにまさる喜びはないからである。

「学習サークル運動」は自分たちで学ぶための組織である。リーダーはいるが教師は存在しない。もちろん、成績もつけない。つまり、民主的方法で運営されなければならず、こうしたボランタリー・セクターで、スウェーデンの参加民主主義が醸成されている。

二〇〇三年に開かれた「学習サークル」は、三一万二〇〇〇サークルに及んでいる。「学習サークル」への参加者は、二五〇〇万人と報告されている。スウェーデンの人口は約九〇〇万人であり、スウェーデンの成人の二人に一人が「学習サークル」に通っているといわれている。

国民運動から国民高等学校や国民大学が誕生したことは既に述べた通りである。「知識向上プログラム」では、国民高等学校も国民大学も国民教育運動に組み込まれて、重要な役割を果したのである。こうした「学習サークル」活動が提起しているように、「教養」を身につける「学ぶ」ということは、人間が生きていることそのものとなる。しかも、「教養」とは生産の「場」や生活の「場」を通して身につけていくものだとすれば、学校教育は「教養」を獲得するための準備段階にすぎなくなってしまう。つまり、「学習サークル」の唱道者であるオルソンの言葉を敢えて繰り返せば、学校教育は「生涯にわたり連続し途切れることのない教育活動の自然な入り口として組み込まれるべきである」ということになる。

人間が人間として成長するために、社会全体の教育機能を高めるのは、社会の構成員の「学び合う」運動である。こうした運動がなければ、学校教育も「学びの社会」の基軸としての役割を果せないのである。

注

(1) 伊藤(二〇〇一)参照。
(2) スウェーデンのリカレント教育については、二文字(二〇〇二)も参照されたい。
(3) 活動保障プログラムについては吉澤(二〇〇六)、八八―九二ページ参照。
(4) 教育休暇制度については、吉澤(二〇〇六)、九五ページを参照されたい。

第八章　「学びの社会」へのシナリオ

1　アンビバレントな学校教育

日本の教育改革は、学校教育の改革である。しかし、学校教育を含むとはいえ、危機に陥っているのは、教育全般であり、日本の社会そのものだと考える必要がある[1]。

市場社会になるまでは、人間の生活と生産は分離していない。つまり、市場社会になるまでは、生活も生産も家族共同体で統合して担われていたけれども、市場社会では生活は家計に、生産は企業にと、分離して担われることになる。というよりも、市場社会になると、経済システム、政治システム、社会システムという三つのサブ・システムに分裂することになる。

社会の構成員を育成するという教育機能も、それにともなって分裂現象を起こす。市場社会が成立する以前の社会であれば、生産する能力も、生活する能力も、共同社会を形成する能力も、同時に身についていく。

敢えて繰り返すと、口にする食料を栽培し、身にまとう着衣を作り、居住する小屋をも作り出す能力を身につけていた。しかも、そうした生産をするために共同生活を営み、子供を養育し、生活様式としての文化をも形成することを学んでいた。さらに、そうした共同社会の共同意志決定にも参加し、共同社会を形成する能力をも身につけていたのである。

ところが、市場社会になると、人間は自己の生活に必要な物を作り出す能力を身につけることはできない。分業社会だからである。市場社会という分業社会では、他者の生活に必要な物を製造して自己の生活の糧を得る。したがって、極く部分的な生産能力しか必要としないのである。しかも、市場社会になると、市場社会以前のようには生産能力も、生活能力も、共同社会を形成する能力も統合して学ぶことはできない。市場社会では、経済システム、社会システム、政治システムという三つのサブ・システムに分裂しているからである。

そこで市場社会では学校教育が登場する。市場社会における学校教育の使命は、人間が人間として成長していくという欲求を充足することではない。むしろそれを抑圧することだといってもよい。

社会システムで必要な生活能力は、社会システムでの生活行為を通して学ぶことができる。学校教育の使命は政治システムにおける支配・被支配関係と、経済システムにおける部分労働への服従を身につけさせることである。

市場社会の経済システムでは、人間の労働は機械と同じ生産要素として取り扱われる。

つまり、人間としてではなく、機械と同じ生産要素として要素市場で取り引きされる。人間は生産要素として服従しなければならないのである。

しかし、市場社会における学校教育の使命は、人間的欲求を抑圧して忠誠を調達することだけではない。市場社会における実質的不平等を、形式的平等によって正当化することも使命となる。それは政治システムにおける支配・被支配関係を正当化することになるといってよい。

つまり、学校教育を初等教育、中等教育、高等教育というように階層化し、「教養」のある者の参政権を正当化する。もっとも、大衆民主主義が実現すれば、こうした学校教育の使命は失われる。とはいえ、実質的に階層を形成する「分類機能」を、学校教育が担うことになる。

重化学工業の発達とともに企業組織が巨大化すれば、専門技術者の養成も学校教育の使命に加わってくる。初等教育の目的が忠誠と服従を身につけることにあるとすれば、高等教育では自由な研究による真理を探究することにある。というのも、政治システムも経済システムも、真理を必要とするからである。

工業社会の学校教育はアンビバレントな性格を抱えている。大学紛争はこうしたアンビバレントな性格の矛盾が吹き出した現象といってよい。

2　基軸としての学校教育

教育危機とは知識社会への転換期に、社会のハンドルを切り間違えたことに起因している。社会全体の教育機能を強め、その基軸に学校教育を位置づけ直さないと、この社会の危機を乗り越えることはできない(2)。

経済システムでは人間の人間的能力が必要とされているため、社会システムとしての協力原理を強め、政治システムでの共同意志決定への参加能力を高める学校教育が、必要とされているからである。というよりも、人間の人間的能力を高めるという本来の教育機能を、学校教育が担うことが、結果として経済システムを発展させることに結びついていくのである。

「学び」とは人間対人間の関係で営まれる行為である。ところが、日本の教育改革は「飴と鞭」によって、抑圧的な学校教育へ駆り立てようとしている。学校教育は市場で購入するものと考えられている。つまり、学校教育を受ける者は「消費者」と見做されている。消費者とは人間対物の関係で人間を位置づける人間観である。それ故、日本の教育改革では、人間は社会システムのなかの生活者と見做されることはないし、社会システムの協力原理のもとに、人間対人間の関係として「学び合う」という発想も出てこない。

しかも、消費者には学校教育の内容と形式を決定する権利はない。消費者の行動する市場では、気に入らなければ退出するという権利しかない。

人間は「学びの人」である。低次欲求が安定的に充足されれば、「学びの欲求」が頭を持ち上げる。競争原理は人間が「学びの人」ではないという前提に立っている。「飴と鞭」で気品のない競争を煽る以外に、学ばないと思っている。

しかし、人間には誰にも「学びの欲求」がある。それにもかかわらず人間を生来、怠惰だと見做して、「飴と鞭」で強制するからこそ、「学びからの逃走」が生ずるのである。

誰もが「学びの欲求」を抱き、自己が人間として成長していると実感できることが、「学び」への動機づけとなる。後期人間関係論からいっても、他者から評価され、「飴と鞭」で刺激しようとすれば、勤労意欲は失われてしまう。

学力でも国際ランキングが争われる。学力のランキングでは日本や韓国が上位を占める。しかし、一九九九年に実施された国際意識調査で、自分の国に満足しているかという若者への問いに対して、満足していると答えた若者が少ないのも韓国と日本である。これにロシアが加わる。それに対して、若者が自国に満足していると答えた比率の高い国はスウェーデンで、六九%に上っている。日本はわずか三五%にすぎない(3)。

人間を消費者として純化し、人間を機械と同様の生産要素と見做す学校教育から、国民の教育を解放しなければならない。それはとりもなおさず「学校教育」を、「人間になるための教育」として位置づけ直すことである。

人間は「学びの人」であり、自己変革の主体である。経済システム、社会システム、政治システムでの実践を通して学んでいく。そうした実践からの学びを基軸に、学校教育が位置づけられなければならない。つまり、学校教育が経済システム、社会システム、政治システムへの参加保障として機能しなければならないのである。

3 国民の国民による国民のための教育

社会の構成員を育成していく機能は、社会が全体として担っていることを忘れてはならない。社会(society)の語源はラテン語の「仲間(societas)」にある。「仲間」を育成していく機能が、社会全体で担われていくのは当然である。

しかも、社会の構成員の育成は、社会での実践を通じて実現する。人間は「仲間」を形成して、自然に働きかけ、生活を営む。このように自然に働きかけ、生活を営みながら、社会を形成する実践に参加することによって、社会の構成員は育っていく。そうだとすれば、教育の危機とは、正村公宏教授が指摘するように、「社会全体が教育の機能を喪失している」という危機なのである。

したがって、社会全体をどのように改革するのかというヴィジョンと結びついていない教育改革には意味がない。教育改革は市場社会を構成する経済、政治、社会という三つのサブ・システムの相互関連を再編する改革と結びついた改革でなければならない。

学校教育の改革も、こうした教育改革の一環でしかない。正村公宏教授が指摘するように、「何のための学力であるのかを問わないで、ひたすら学力を高めなければならないと騒ぐことのむなしさ」を認識しなければならない。教育改革はどのような社会を形成していくのかを、「仲間」との討議と対話を通して進めていかざるをえないのである。

日本の社会が陥っている教育危機とは、社会の構成員を育成していくという社会全体の機能が劣化していることにある。しかし、こうした社会の構成員を育成するという教育機能には、両義性があることを忘れてはならない。

一つは、社会の構成員を育成して社会を維持していくことである。市場社会になって、学校教育が登場するのも、経済、政治、社会という三つのサブ・システムに分裂することにともない、社会全体の教育機能が分裂するからである。つまり、政治システムが社会の構成員に、現状の社会秩序に忠誠を誓わせる教育を実施せざるをえなくなるからである。

もう一つは、社会の構成員を育成して、現状の社会を否定することである。人間の歴史は現状を否定し、未だない未来を創造する連続である。そのためには「既知」を学ぶだけではなく、「未知」を創り出すことをも学ばなければならない。

教育とは「学び合う」過程である。つまり、「仲間」と学び合いながら、自己変革を遂げていく過程である。もちろん、人間は相互に自己変革を遂げ、社会を変革して、人間の歴史を発展させていく。

日本の教育再生は、この二つの教育機能を再生させることにほかならない。というよりも、工業社会から知識社会へという歴史の大転換期には、現状を否定し、未だない未来を創造する教育こそ重要となる。

こうした教育機能の再生には、学校教育が基軸に位置づけられなければならない。というのも、家族や地域社会という社会システムの教育機能が急速に衰えているからである。

家族や地域社会という社会システムのなかでの生活実践を通じて社会的欲求が充足されることで、得られたはずの共同性や公共性が失われ、社会秩序の乱れが生じ社会統合が困難になっている。そうであるからこそ学校教育が担うべき社会統合の機能が、強化されなければならないのである。

しかも、工業社会から知識社会へと産業構造が転換していくにともなって、社会システムで身につける協力原理がますます重要となってくる。その上、日本では経済システムでの生産実践を通じて果される教育機能もいまや衰えてきている。非正規雇用などの拡大が、これに拍車をかけている。こうした意味でも、学校教育を充実させていく必要が生じているのである。

ところが、今の日本では、社会全体の共同作業として行われるべき学校教育を、政治システムができるだけ圧縮しようとしている。つまり、政治システムが社会の共同責任をできるだけ小さくして、学校教育自体を放棄しようとしているのである。

日本でいま「教育改革」と言われるものは、学校教育の「改革」に限定されている。しかも、それは学校教育が本来果すべき役割を経済システムや社会システムに押し付けることで、学校教育の遂行責任を放棄してしまおうとするものである。それこそが教育改革だと唱えられている。

しかし、社会システムや経済システムで担ってきた教育機能が縮小しているからこそ、学校教育を充実させる必要がある。学校教育を基軸にして、社会全体の教育機能を高めて、「学びの社会」つまり知識社会は実現できない。というよりも、それこそ人間がより人間的になっていく社会の形成なのである。

ところが、こうした「学びの社会」形成は、「国民の国民による国民のための教育」として、国民教育運動つまり「学び合うこと」を不可欠な条件とする。それは「人民の人民による人民のための政府」という民主主義を、連帯民主主義(associative democracy)へと発展させることだといってもよい。教育再生の条件は市場経済を活性化させることではなく、民主主義を活性化することなのである

注

（1）この危機を、「戦後という仕組み」の終わりととらえた考察として、金子（二〇〇六）があるので、参照されたい。
（2）教育行政の改革については磯田編著（二〇〇六）が優れているので、参照されたい。
（3）藤井（二〇〇二）、一五六―一五七ページを参照されたい。

補章　「教育再生の条件」再論

1　「十年一日」の如き教育改革

「十年一昔」という名句がある。十年もたつと物事に著しい変化があり、昔のことになってしまうという教えである。一昔どころか、二昔前にもなろうとする二〇〇七年に発刊した『教育再生の条件――経済学的考察』(以下、本書単行本と表記する)を再び世に問おうとすることは、いささか無謀な愚行かもしれない。しかし、「十年一日」という名句もある。この名句は十年という長い年月に、少しも変わらない状態にあることを指摘している。

補章の課題は、本書単行本が発刊されてからの教育改革を考察しつつ、この本が提起した「教育再生の条件」を問い直すことにある。こうした課題への応答を先取りすることになってしまうけれども、本書単行本の発刊以降の教育改革は、「十年一日」の如くに状況を変化させなかったどころか、歴史を後退りさせるような改革を繰り返し、かえって悪化させているといってよい。したがって、一昔以上も前に解き明かした「教育再生の条件」は現在も色褪せてはいないどころか、むしろ語気を強めて唱えなければならないと考えている。

本書単行本では「失われた一〇年」と呼ばれた一九九〇年代の長期不況が、やがて「失われた二〇年」にもなろうとする現実を省察して、この長期不況は重化学工業を基軸とする工業社会から、知識集約産業を基軸とする知識社会へと転換する「歴史の踊り場」として生じていると指摘した。そのため長期不況から脱却するには、経済システムの転換を回転軸にしながら、社会システム、政治システムを含むトータルシステムとしての社会全体を再編する必要がある。つまり、重化学工業を基盤にして形成された福祉国家を、知識集約産業やサービス産業を基盤にした知識社会と呼ぶべきポスト工業社会へと移行することを目指すシステム改革を推進しなければならないと唱えたのである。

こうしたシステム改革の基幹には、「教育」が位置づけられなければならない、と本書単行本では指摘した。農業社会では人間が働きかける対象である「自然」が、工業社会では働きかけるための機能設備などの「手段」が、決定的要因になるのに対して、知識社会での知識集約産業やサービス産業では、「主体」としての人間そのものの能力が決定的要因となる。そうだとすれば、知識社会へと移行するためには、人間的能力を高める「教育」が礎石になることは、当然のことだからである。

したがって、長期不況に喘ぐ「歴史の踊り場」から、知識社会へと昇っていく階段は、人間的能力を高める教育改革によって整備しなければならないことになる。つまり、すべての社会の構成員が掛け替えのない人間的能力を、生涯にわたって高め、それを開花させていく教育体系を整備しなければならない、と提唱したのである。

そのため私は機会あるごとに、「誰でも、いつでも、どこでも、ただで」の原則のもとに、教育改革を断行する必要性を訴えてきたけれども、現実の教育改革は「ただで」ではなく、「金さえあれば」という逆方向に振られ、知識社会へと昇っていく教育体系は整備されないままである。もちろん、それは知識社会への構造転換が実現できずに、現実が「歴史の踊り場」にとどまってしまうことを意味する。したがって、「失われた一〇年」が「失われた二〇年」になってしまったどころか、今では「失われた三〇年」となって、長期不況を抜け出せないままでいるのである。

2　繰り返される新自由主義の教育改革

日本の「教育改革の時代」は、新自由主義を掲げた中曾根政権による、臨時教育審議会の設置をもって始まる。この「教育改革の時代」には新自由主義の「政府縮小―市場拡大」戦略にもとづく教育改革が繰り返されていく。つまり、日本における「教育改革の時代」とは、新自由主義という経済政策思想から教育を改革していこうとする時代だったのである。

「政府縮小―市場拡大」戦略にもとづく新自由主義の教育改革の基本戦略は、教育サービスを公共財から私的財へとシフトさせることにある。二一世紀になるとともに誕生した小泉政権が、一挙に進めた新自由主義の教育改革をみても、株式会社立学校、民間人校長の制度化、学校評価制度、教育評価など、公教育の民営化、評価や競争原理の導入が図られている。

もちろん、こうした教育改革は、ジョン・デューイの教育哲学を継承する宇沢弘文先生が強調してやまない学校教育の基本原則である社会的統合の原則と背反する。社会的統合の原則とは、生まれも育ちも違う子供たちが学校という「場」に集い、生まれも育ちも違うけれども、自分たちは同じ仲間だという意識を培養するという原則である。

ところが、「競争社会」を目指す新自由主義の教育原則は、社会的統合の原則とは逆に、子供たちに「他者は敵だ」という競争意識を培養することにある。しかし、他者への敵意を植えつけられた子供たちは、他者に心を閉ざし、他者に対して攻撃的になっていく。もちろん、これが学校教育で教育の病理現象が発生する重要な要因となる。しかも、新しい世紀になって新自由主義的教育改革が飛躍的に推進されていくと、病理現象は学校外へも飛び火し、社会の病理現象が深刻化する。

もっとも、社会秩序の混乱は、新自由主義も望まない。というよりも、新自由主義の主張する「政府縮小」は、競争原理にもとづく市場経済を拡大することによる秩序の混乱を、政府が独占する強制力で抑え込む秩序維持機能に限定して、政府機能を強化することを意味している。そのため二〇〇六年に改正された教育基本法では、「国を愛する心」が、教育目標に掲げられる。しかも、第二次安倍政権のもとで、教科書検定が強化されて、国家主義的教育が打ち出されていくのである。

このように市場経済の競争原理を教育に浸透させようとする新自由主義の教育改革では、それによって生じる不登校、いじめ、校内暴力、学級崩壊などという教育の病理現象への対応として始まるけれども、学校外へと拡延する非行、犯罪、麻薬、自殺などの社会病理現象にも、教育改革で対処せざるをえなくなる。そのため道徳教育による既存秩序への従順性を修得させるとともに、メディアを動員して既存秩序へ従うことで成功することを讃美していく。さらには国家主義を鼓舞する教育と、結びつかざるをえなくなってしまうのである。

3　オルターナティブとしての「協力社会」への教育改革

重化学工業を基盤にした福祉国家が行き詰まると、ポスト福祉国家モデルとして「競争社会」を目指す新自由主義が台頭して、イギリス、アメリカ、日本などのアングロ・アメリカン諸国では、新自由主義を掲げる政権が一九八〇年代に次々と形成されていく。敢えて繰り返すと、日本の「教育改革の時代」とは中曾根政権に始まり、小泉政権によって一気に加速され、新自由主義の教育改革が闊歩した時代だったのである。

この三〇年にも及ぶ、人間を愚弄するような教育改革を実施した結果は悲惨である。日本の「教育改革の時代」は、求め続けた成長が実現できないどころか、格差や貧困も溢れ出し、家族でも地域社会でも職場でも人間関係が崩壊してしまい、人間の社会としてのすべての進歩が停滞する「失われた三〇年」となってしまったのである。

しかし、ポスト福祉国家モデルとして提起されているモデルは、新自由主義モデルだけではない。福祉国家よりも人間的な社会へと発展させようとするポスト福祉国家モデルも提起されている。それを本書では、新自由主義の「競争社会」モデルに対抗する「協力社会」モデルと表現している。

新自由主義に対抗する「ヨーロッパのやり方」として唱えられる「ヨーロッパ社会モデル(ESP)」は、ポスト福祉国家モデルとしての「協力社会」モデルだといってよい。イギリスの社会学者アンソニー・ギデンズの指摘によれば、「ヨーロッパ社会モデル」という言葉が広汎に流布するのは、新自由主義が世界史の表舞台に躍り出る一九八〇年代初頭のことである。

「ヨーロッパ社会モデル」が守ろうとした「ヨーロッパのやり方」とは、第二次大戦後にヨーロッパで定着した「所得再分配国家」としての「福祉国家モデル」だったといってよい。しかし、財政による所得再分配が機能するための前提条件としてのブレトンウッズ体制は既に崩壊していた。資本統制は次々と解除され、資本は国境を越えて自由に飛び回っていく。そのため、それまでのように国民国家が所得再分配によって、福祉国家として国民の生活を保障していくことは困難となっている。

そこでヨーロッパでは資本が国境を越えて自由に動き回るグローバリゼーションに対応して、通貨統合をも目指す「ヨーロッパ連合(EU)」という超国民国家機関を結成する。それは一九九一年にオランダのマーストリヒトで合意をみたマーストリヒト条約で結実する。

しかも、このように通貨高権(通貨を発行する権限)という国民国家の権限を超国民国家機関に移譲する一方で、地方分権を推進していく。つまり、ヨーロッパでは国民国家の所得再分配機能が弱まっていくことに対応して、国民生活を地方自治体の提供する現物(サービス)給付で保障していこうとしたのである。

ヨーロッパでは国民国家の機能を、上方と下方に分岐させていくことによって、福祉国家のメリットを生かしながらグローバリゼーションに対応するポスト福祉国家モデルを追求しようとしたといってよい。このように国民国家の機能を上方と下方へと分岐させながら、ヨーロッパ統合を図っていく背後理念は「補完性の原理」にある。

ヨーロッパではマーストリヒト条約に先立つ一九八五年にヨーロッパ評議会が、地方分権推進のためにヨーロッパ地方自治憲章を制定する。このヨーロッパ地方自治憲章が

「補完性の原理」を打ち出すことになる。

「補完性の原理」とは、個人で解決できないことは家族で、家族で解決できないことはコミュニティで、コミュニティでできないことは(日本でいえば市区町村にあたる)基礎自治体で、自治体でできないことは(日本でいえば都道府県にあたる)広域自治体で、広域自治体で解決できないことは国民国家で、国民国家で解決できないことはヨーロッパ連合で、というように下から上へと公共空間を積み上げていく原則である。もちろん、マーストリヒト条約でも「補完性の原理」を謳い、ヨーロッパ連合を実現させていく。

一九世紀のドイツ哲学に端を発するとされる「補完性の原理」は、人間が孤立した存在ではなく、人間の本質が人間と人間との共同性のうちにあるという理念を前提としている。それは、人間は自立すればするほど、連帯するという存在だと考えていると言い換えてもよい。こうした人間観を前提にしながら、人間は相互依存によってしか生きていくことのできない存在なので、人間の運命共同体を、下から上へと形成していくという理念で、ヨーロッパ統合は成立しているのである。

ヨーロッパ統合を目指す人間観は、アングロ・アメリカン諸国の新自由主義モデルのような、人間は利己心にもとづいて、「自分さえよければ」と行動する、という人間観とは相違している。そのためヨーロッパ連合では新自由主義モデルのように単に競争原理を拡大することを追うのではなく、知識社会を目指すという産業構造の質的転換による発展を追求していく。

ヨーロッパ連合は、二〇〇〇年にポルトガルのリスボンで開催したヨーロッパ理事会で、「世界でもっとも競争力のある、ダイナミックな知識を基盤とした経済空間を創設する」(『大学事典』、平凡社)という「リスボン戦略」と呼ばれるヨーロッパ連合の目指す包括的な方向性を決定する。この「リスボン戦略」では「知識社会」の実現を目指し、そのために教育水準の向上が不可欠であるということが謳われる。リスボン戦略は二〇一〇年にヨーロッパ理事会が策定した「ヨーロッパ二〇二〇」に取って代わられるが、その基本的方向性は受け継がれている。

しかし、日本では教育・訓練によって知識社会へと産業構造を転換させ、社会的統合をも図っていくという「リスボン戦略」にみられるようなポスト福祉国家モデルは省みられなかった。というよりも、日本ではこの「リスボン戦略」に嚙みつくように、二〇〇一年に就任した小泉首相が髪を振るわせながら、「弱きを挫き、強きを助ける」競争社会の形成なしには、成長はしないと訴えて、強力に新自由主義の改革を推進していく。もちろん、教育改革もその一環として、一挙に進められたことは、既に述べたとおりである。

とはいえ、市場経済を野放図に拡大して、経済成長至上主義を唱えても、長期停滞が深刻化するばかりだという現実を前に、経済の構造的転換の必要性が認識されるようになる。しかも、こうした経済の構造的転換には、人的能力が決定的要素だと理解されると、教育改革を経済構造転換の重要な手段として位置づけようとする動きが胎動してくる。

4 「ソサエティ5・0」を目指す教育と知識社会の教育

経済成長至上主義が見直されるようになるのは、日本が国際連合の採択した「持続可能な開発目標SDGs」に対応して、二〇一六年にSDGs推進本部を内閣に設置した頃からだといってよい。この二〇一六年に政府は、日本の目指すべき未来社会として、「ソサエティ(Society)5・0」を打ち出す「第五期科学技術基本計画」を閣議決定する。この未来社会のコンセプトとしての「ソサエティ5・0」は、「サイバー空間(仮想空間)とフィジカル空間(現実空間)を高度に融合させたシステムにより、経済発展と社会的課題の解決を両立する、人間中心の社会(Society)」と説明されている(1)。

このように日本の目指す未来社会として「ソサエティ5・0」が打ち出されると、教育改革にもインパクトを与えることになる。二〇一三年に第二次安倍政権が首相直属の「教育再生実行会議」を設置する。この設置目的は、繰り返された新自由主義の教育改革によって深刻化した、「いじめ対策」などの学校教育で生じている病理現象への対応であった。

ところが、二〇一九年の「教育再生実行会議」の提言では、「ソサエティ5・0」という社会目標を掲げ、それを目指す「技術の進展に応じた教育の革新」が謳われている。そのために学校教育、企業教育、社会教育が機能的に位置づけられることが求められ、プログラミングやデータサイエンスなどの先端分野におけるマンパワー育成が唱えられたのである。

このように「教育再生実行会議」で「ソサエティ5・0」という言葉が登場してくるのは、二〇一九年のことではあるけれども、二〇一六年に「ソサエティ5・0」のコンセプトが閣議決定されると、二〇一七年に経済財政諮問会議の「骨太の方針」で学び直しが強調されるようになる。というよりも、二〇一七年には第二次安倍政権のもとで安倍首相を議長とする「人生一〇〇年時代構想会議」が設置され、「何歳になっても学び直しができるリカレント教育」を基軸的政策として打ち出していくのでる。

二〇一八年の経済財政諮問会議では、林芳正文部科学大臣が「ソサエティ5・0の実現に向け、初等中等、高等、研究者、社会人の学び直しという場面でICT(情報通信技術)を使いこなす力や他者と協働し、感性や創造性を発揮しつつ、新しい付加価値を創る力のある人材を育てていくことが重要であり、こういうことに体系的に取り組んでいかなければならない」と発言している。(2) こうした発言が、「人づくり革命」や「リカレント教育」という言葉で二〇一八年の「骨太の方針」が彩られることに反映し、前述した二〇一九年の「教育再生実行会議」の提言にも結実していく。

しかし、このように「ソサエティ5・0」の実現を目指す教育改革へと舵を切ったことが、これまでの新自由主義にもとづく教育改革の方向を大きく変えるものとは思われない。というよりも、むしろ繰り返してきた新自由主義の教育改革の延長線上に位置づけられる、と考えられる。

敢えて繰り返すと、新自由主義の教育改革とは、教育を社会の共同事業としてではなく、市場経済の競争原理に委ねようとする改革である。もちろん、それは教育や社会そのものに亀裂を走らせ、病理現象を蔓延させていく。そのため新自由主義の教育改革は、改革自体が創り出す社会的課題の解決に追われてしまうことになる。

そうなると「経済発展」は夢のまた夢となってしまう。ところが、「ソサエティ5・0」は、市場経済が創り出す社会的課題を解決しつつ、経済発展も実現していく社会として提唱されている。つまり、「ソサエティ5・0」とは、「経済発展と社会的課題の解決を両立」させる社会なのである。

「ソサエティ5・0」が「経済発展と社会的課題の解決を両立」させることができるのは、AI、ロボット、IoT、ビッグデータという先端技術をあらゆる産業や社会生活に取り入れるからだとされている。しかし、こうした先端技術を取り込むことで、市場経済が引き起こす社会的課題の解決が可能だとも思われない。二〇二三年の中央教育審議会でも「もはやソサエティ5・0が到来している」との声があがり、「ソサエティ5・0」への後戻りのできないルビコン川を渡ってしまった、との認識が広まっている。そうだとすれば、社会的課題の解決にはいたっていないとしても、解決への兆しが感じられるはずである。ところが、そうした兆しを感じられないどころか、教育や社会の病理現象はむしろ深刻化しているということができる。

経済発展についてみても、力強い足音は聞こえてこない。「経済発展と社会的課題の解決」の両立どころか、経済発展が実現せずに、社会的課題が深刻化する「失われた時代」の深みに嵌ったままだ、といってよいのである。

「ソサエティ5・0」の実現を目指す教育改革とは、教育にAI、ロボット、IoT、ビッグデータを取り入れることで、教育の産業化を急速に進めることを意図している。それは教育の市場化を目指す新自由主義の教育改革を、新たな次元で衣替えをして推進することになるといわざるをえないのである。

5　進まない「誰でも」学べる社会

「ソサエティ5・0」の実現を目指す教育改革も、新自由主義の「競争社会モデル」からの教育改革のままだとすれば、「ソサエティ5・0」を目指す教育改革とともに、「協力社会モデル」の教育改革と親和するリカレント教育が唱道されるのは不思議である。というのも、拙著の第七章で紹介したように、「リカレント教育」とは暗殺されたスウェーデンのパルメ首相が、教育相の時にヨーロッパ教育会議で、スウェーデンの高等教育改革を説明した際に使用した言葉である。スウェーデンはヨーロッパが、「協力社会モデル」を模索する改革で模範とされた国である。つまり、リカレント教育はスウェーデンという協力社会モデルの国の教育改革から打ち出された概念なのである。

リカレント教育は生涯にわたる学びを保障し、学びとそれ以外の社会活動とを行き来することを可能にする教育戦略である。それはOECDが主張するように、「知識社会を推進する主要な手段として役に立ちうる」教育戦略である。このリカレント教育の理念を発展させて、本書では知識社会の学校教育は「誰でも、いつでも、どこでも、ただで」の原則のもとに制度化されなければならないとしている。それは知識社会とは「学びの社会」であり、学校教育は「学びの社会」への参加を保障しなければならないからである。

ところが、「人生一〇〇年時代構想会議」でも経済財政諮問会議でも、「ソサエティ5・0」という目標が明示されていくとともに、リカレント教育という言葉は姿を消していくようになる。それとは対照的に職務遂行能力としてのスキルを再訓練・再教育するリスキリング(re-skilling)がクローズアップされてくるようになる。

どうしてそうなるかといえば、「ソサエティ5・0」とは「経済発展と社会的課題の解決を両立する人間中心の社会」とされるけれども、「人間中心」と表現される「人間」とはどういう人間なのかにかかわっている。その「人間」とは経済システムで生産要素としての労働を担う、「手段としての人間」なのである。「人間中心」という意味は、土地、労働、資本という生産要素のうち、労働を担う「人間」が中心だという意味で、人間なのである。

人間を手段だと見做されると、人間は「人口」になる。人間を「人口」と見做す社会は、人間を「目的」とするのではなく人間を「手段」とする社会である。しかし、人間は経済システムで労働という生産要素を担うだけではなく、家族や地域社会などを形成して社会システムで生命活動、つまり生活を営む。さらには政治システムで被統治者であるとともに、統治者である立場から統治行為を担う。教育とは、そうした全体性のある人間を、人間として成長させていくことになる。リカレント教育とは、人間が人間として成長するための生涯にわたる学習を保障し、そうした「学び」と、それ以外の活動との懸橋を形成していくことを意味している。

しかし、人間を手段と見做す新自由主義の人間観からは、手段としての人間のスキルの「学び直し」こそが生涯学習だとされてしまう。しかも、二〇二〇年にダボス会議が「リスキル革命プラットフォーム」を打ち出したこともあって、ＡＩやＩＴの進化に会わせてスキルの学び直しとしてのリスキリングが急速に広まっていく。

もっとも、日本では二〇二一年に「新自由主義からの転換」を掲げて、岸田政権が誕生する。「新しい資本主義」のヴィジョンでは、「分配戦略」と「成長戦略」との結節点に「人的投資」が位置づけられ、岸田首相自身が「何より大切なのは人への投資」と繰り返し訴えている。「人への投資」で国民の知識や技能を高めれば、賃金が上昇して格差や貧困を解消するだけではなく、生産性も向上して経済成長も実現すると考えられているからである。

とはいえ、教育を考える際にも、人間を生産要素を担う手段だと見做している点では、「新しい資本主義」も従来の新自由主義の人間観と変わることがない。したがって、岸田政権の打ち出す学び直しも、「五年間で一兆円のリスキリング支援」となってしまうのである。

そうなると、「教育の無償化」も社会の構成員の誰にでも、人間として成長する学びの機会を保障するためではなくなってしまう。労働という生産要素を担う手段としての人間を、増殖させるための少子化対策として、「教育の無償化」が進められていくことになる。

幼児教育の無償化が課題となっても、それは少子化対策からである。知識社会では「生涯にわたる学び」が権利であり、義務であるとするスウェーデンでは、就学前教育は「生涯にわたる学び」の基盤形成として重視される。そのため、国際的に普及している教育（エデュケーション）と保育（ケア）を融合させる「エデュケア（EDUCARE）」などの教育内容にかかわる改革や、六歳児就学による「一〇年間義務教育」への改革が試みられている。しかし、日本では幼児教育の内実にかかわる教育改革は、進められているとはいえなくなってしまうのである。

日本では、「新しい資本主義」のもとで進められる高等教育の無償化すらも、「多子世帯の無償化」という少子化対策として検討されているにすぎない。しかも、「新自由主義からの転換」を掲げながら、人間は貨幣的インセンティブだけで動くという新自由主義の人間観から抜け出せないため、少子化対策にしても、大学の研究機能の向上にしても、貨幣的インセンティブさえ付与すれば実現すると考えられてしまうのである。

6　再び教育再生を考える

本書単行本が発刊されて以降の状況を省察してくると、この本で提起した教育再生の条件を再び復唱しなければならないことになる。私たちは工業社会からポスト工業社会として知識社会へと向かう「踊り場」に生きている。知識社会では人間が人間として成長していくという本来の教育が花開くことになる。というよりも、人間が人間として成長する本来の教育を再生させなければ、知識社会への階段を昇ることはできない、ということが本書の主張である。

敢えて繰り返すと、経済とは人間が自然に働きかけて、生命活動に必要な有用物を取り出す行為である。農業では人間が働きかける自然の豊かさという「対象」が、工業では人間が自然に働きかけるための「手段」としての機械が、生産の決定的要因となっていた。しかし、知識社会では、自然に働きかける「主体」としての人間が生産の決定的要因となる。工業のように人間が補助的な役割を果すのではなく、知識集約産業にせよ、サービス産業にせよ、情感をも含む、より人間的な能力を主体である人間が発揮していくことになる。それ故に知識社会は、学びによって人間的能力を高める「学びの社会」となる。

労働という生産要素の担い手としての人間は、工業社会では機械に支配されて労働する。つまり、ベルトコンベアのように、自動化された機械のリズムに支配されて労働する。機械とは、人間の手足の延長としての道具が、人間と対峙する独立したメカニズムとなった存在であり、人間の筋肉系統の能力が独立したメカニズムとなった存在なのである。

そうした機械に従属した労働は、標準化され単純化された部分労働となる。もちろん、部分労働のスキルは、人間を「型」に嵌める「盆栽型教育」で身につけることができる。

ところが、ポスト工業社会としての知識社会で求められる人間的能力は、「協同的な学び」あるいは「互恵的な学び」という「栽培型教育」でしか身につかない。したがって、「教育再生」のためには「盆栽型教育」を「栽培型教育」へと改革する必要がある。

もっとも、知識社会では人間の筋肉系統ではなく、人間の神経系統の能力が独立したメカニズムになったものが、人間と対峙して存在するようになる。もちろん、そうしたメカニズムも進化する。「ソサエティ4・0」や「ソサエティ5・0」という概念は、人間が働きかける対象としての、人間と対峙する独立したメカニズムの進化を説明していると考えられる。もちろん、操作対象の進化に合わせたスキルを、工業社会と同様に訓練することも必要かもしれない。

しかし、知識社会は人間の創造物にすぎない機械に従属してしまう工業社会から、人間を解放して、より人間的な社会としてデザインされなければならない。そうだとすれば、知識社会への構築を目指して人間の人間的能力を開化させていく教育を構想する必要があるはずである。

こうした教育機能の再生とは、トータルとしての人間の社会が社会の構成員を育成していく機能を再生させることである。しかし、社会全体の教育機能を再生させるためには、外延的に拡大し、内包的に充実させた学校教育を基軸に捉えた教育体系を創造しなければならない。市場社会では生産・分配の「場」としての経済システム、生活の「場」としての社会システム、統治の「場」としての政治システムが分裂しているからである。つまり、企業教育、家庭教育、社会教育などと分裂している教育機能を、学校教育と有機的に関連づけて再生する必要がある。もちろん、社会全体の教育機能の基軸に位置づけられる学校教育は、社会の共同事業であり、「誰でも、いつでも、どこでも、ただで」の原則のもとに運営されなければならない。つまり、すべての社会の構成員を排除せずに、包摂しなければならないのである。

人間にとって、「学ぶ」ということは、「生きる」ということにほかならない。「学びの社会」を創るということは、人間が人間として生きることのできる社会を実現することだということを忘れてはならない。人間の歴史は人間が人間として生きることのできる社会を目指す歴史ではなかったのではないだろうか。

注

(1) 内閣府のHPでは「ソサエティ5・0」を、「狩猟社会(ソサエティ1・0)、農耕社会(ソサエティ2・0)、工業社会(ソサエティ3・0)、情報社会(ソサエティ4・0)に続く、新たな社会を指すもので、第5期科学技術基本計画において我が国が目指すべき未来社会の姿として初めて提唱されました」としたうえで、「これまでの情報社会(ソサエティ4・0)では知識や情報が共有されず、分野横断的な連携が不十分であるという問題がありました。人が行う能力に限界があるため、あふれる情報から必要な情報を見つけて分析する作業が負担であったり、年齢や障害などによる労働や行動範囲に制約がありました。また、少子高齢化や地方の過疎化などの課題に対して様々な制約があり、十分に対応することが困難でした」と指摘し、「ソサエティ5・0で実現する社会は、IoT(Internet of Things)で全ての人とモノがつながり、様々な知識や情報が共有され、今までにない新たな価値を生み出すことで、これらの課題や困難を克服します。また、人工知能(AI)により、必要な情報が必要な時に提供されるようになり、ロボットや自動走行車などの技術で、少子高齢化、地方の過疎化、貧富の格差などの課題が克服されます。社会の変革(イノベーション)を通じて、これまでの閉塞感を打破し、希望の持てる社会、世代を超えて互いに尊重し合あえる社会、一人一人が快適で活躍できる社会となります」と解説している。

なお、原文のSocietyはすべてソサエティと引用者が表記した。

(2)　こうした発言については、今津・加藤編著(二〇二三)、一一―一二ページを参照。

引用・参考文献

秋朝礼恵(二〇〇六)「出産・育児事情」(岡沢憲芙・中間真一編『スウェーデン――自律社会を生きる人びと』早稲田大学出版部、所収)。

石原俊時(一九九六)『市民社会と労働者文化――スウェーデン福祉国家の社会的起源』木鐸社。

磯田文雄編著(二〇〇六)『新しい教育行政――自立と共生の社会をめざして』ぎょうせい。

磯田文雄(二〇一四)『教育行政――分かち合う共同体をめざして』ミネルヴァ書房。

市川昭午・林健久(一九七二)『教育財政』〈戦後日本の教育改革 第4巻〉東京大学出版会。

伊藤正純(二〇〇一)「リカレント教育の確立を――教育と労働の交替性の回復のために」(森岡孝二他編『21世紀の経済社会を構想する――政治経済学の視点から』桜井書店、所収)。

今津孝次郎・加藤潤編著(二〇一三)『人生一〇〇年時代に「学び直し」を問う』東信堂。

宇沢弘文(二〇〇〇)『社会的共通資本』岩波書店。

内田樹(二〇〇七)『下流志向――学ばない子どもたち 働かない若者たち』講談社(二〇〇九年、講談社文庫)。

大内秀明(一九九九)『知識社会の経済学――ポスト資本主義社会の構造改革』日本評論社。

大沢真理(二〇〇七)『現代日本の生活保障システム――座標とゆくえ』岩波書店。

岡部翠編(二〇〇七)『幼児のための環境教育――スウェーデンからの贈りもの「森のムッレ教

室」』新評論。

小塩隆士(二〇〇三)『教育を経済学で考える』日本評論社。

折原浩(一九七一)『人間の復権を求めて』中央公論社。

金子勝(二〇〇六)『戦後の終わり』筑摩書房。

河本佳子(二〇〇二)『スウェーデンののびのび教育』新評論。

訓覇法子(一九九一)『スウェーデン人はいま幸せか』日本放送出版協会。

訓覇法子(二〇〇二)『アプローチとしての福祉社会システム論』法律文化社。

訓覇法子(二〇二三)「就学前の歴史的展開と制度と実践」(小野次朗監修・著『スウェーデンにおける取り組み　就学前のEDUCARE・モデルと歴史と制度とヘルスケア――子どもの人権・民主主義・専門職の役割を中心に』ジアース教育新社、所収)。

佐藤郁哉(二〇一九)『大学改革の迷走』筑摩書房。

佐藤学(一九九九)『教育改革をデザインする』〈シリーズ教育の挑戦〉岩波書店。

佐藤学(二〇〇一)『学力を問い直す――学びのカリキュラムへ』(岩波ブックレット)岩波書店。

佐藤学(二〇二一)『学びの共同体の創造――探究と協同へ』小学館。

佐藤学(二〇二三)『新版　学校を改革する――学びの共同体の構想と実践』(岩波ブックレット)岩波書店。

神野直彦(一九九二)「日本型福祉国家財政の特質」(林健久・加藤榮一編『福祉国家財政の国際比較』東京大学出版会、所収)。

神野直彦(二〇〇一ａ)『「希望の島」への改革――分権型社会をつくる』日本放送出版協会。

神野直彦（二〇〇一b）『二兎を得る経済学――景気回復と財政再建』講談社。

神野直彦（二〇〇二）『人間回復の経済学』岩波書店。

日本経済調査協議会編（一九七二）『新しい産業社会における人間形成』東洋経済新報社。

橋本健二（二〇〇六）「「格差社会」と教育機会の不平等」（神野直彦・宮本太郎編『脱「格差社会」への戦略』岩波書店、所収）。

藤井威（二〇〇二）『スウェーデン・スペシャル［I］――高福祉高負担政策の背景と現状』新評論。

藤田英典（一九九七）『教育改革――共生時代の学校づくり』岩波書店。

藤田英典（二〇〇六）『教育改革のゆくえ――格差社会か共生社会か』（岩波ブックレット）岩波書店。

二文字理明（二〇〇二）「教育――「個性重視型」共生社会の基礎」（二文字理明・伊藤正純編著『スウェーデンにみる個性重視社会――生活のセーフティネット』桜井書店、所収）。

古山明男（二〇〇六）『変えよう！日本の学校システム――教育に競争はいらない』平凡社。

正村公宏（二〇〇五）『経済が社会を破壊する――いかにして人間が育つ社会をつくるか』NTT出版。

松崎巌（一九八五）「現代学校論」（堀尾輝久・寺崎昌男他編『教育の原理I――人間と社会への問い』東京大学出版会、所収）。

吉澤康代（二〇〇六）「働く――ワーク・ライフ・バランス」（岡沢憲芙・中間真一編『スウェーデン――自律社会を生きる人びと』早稲田大学出版部、所収）。

Ariès, Philippe (1972), "Problèmes de l'éducation", *La France et les Français*, Gallimard（フィリップ・アリエス、森田伸子訳（一九九二）「教育の問題」中内敏夫・森田伸子編訳『〈教育〉の誕生（新版）』藤原書店、所収）

Becker, Gary S. (1964), *Human Capital: A Theoretical and Empirical Analysis with Special Reference to Education*, University of Chicago Press（ゲーリー・S・ベッカー、佐野陽子訳（一九七六）『人的資本——教育を中心とした理論的・経験的分析』東洋経済新報社）

Bowles, Samuel and Herbert Gintis (1976), *Schooling in Capitalist America: Educational Reform and the Contradictions of Economic Life*, Basic Books（S・ボウルズ、H・ギンタス、宇沢弘文訳（一九八六、一九八七）『アメリカ資本主義と学校教育』（I、II）岩波書店）

Freire, Paulo (1970), *Pedagogia do Oprimido*, Editora Paz e Terra（パウロ・フレイレ、小沢有作・楠原彰・柿沼秀雄・伊藤周訳（一九七九）『被抑圧者の教育学』亜紀書房）

Giddens, Anthony (1989, 1993, 1997, 2001), *Sociology*, Polity Press（アンソニー・ギデンズ、松尾精文他訳（二〇〇四）『社会学（第四版）』而立書房〔二〇〇九年、第五版〕）

Herzberg, Frederick (1966), *Work and the Nature of Man*, World Publishing（フレデリック・ハーズバーグ、北野利信訳（一九六八）『仕事と人間性——動機づけ-衛生理論の新展開』東洋経済新報社）

Illich, Ivan (1970, 1971), *Deschooling Society*, Harper & Row（イヴァン・イリッチ、東洋・小澤周三訳（一九七七）『脱学校の社会』東京創元社）

Kohn, Alfie (1992), *No Contest: The Case Against Competition*, Houghton Mifflin Company（アル

フィ・コーン、山本啓・真水康樹訳（一九九四）『競争社会をこえて――ノー・コンテストの時代』法政大学出版局）

Lindquist, Arne och Jan Wester (1991), *Ditt eget samhälle* (SAMS 2), Almqvist & Wiksell（アーネ・リンドクウィスト、ヤン・ウェステル、川上邦夫訳（一九九七）『あなた自身の社会――スウェーデンの中学教科書』新評論）

Lundberg, Bo och Kerstin Abram-Nilsson (1990), *Synvändor: om naturen, människan och helheten*, LTs Förlag（ブー・ルンドベリィ著、シェシュティン・アブラム＝ニルソン画、川上邦夫訳（一九九八）『視点をかえて――自然・人間・全体』新評論）

Maslow, Abraham H. (1954), *Motivation and Personality*, Harper & Row（A・H・マズロー、小口忠彦監訳（一九七一）『人間性の心理学――モチベーションとパーソナリティ』産業能率短期大学出版部）

McGregor, Douglas (1960), *The Human Side of Enterprise*, McGraw-Hill（ダグラス・マグレガー、高橋達男訳（一九六六）『企業の人間的側面――統合と自己統制による経営』産業能率短期大学出版部）

Ministry of Industry, Employment and Communications, Sweden (2001), *Social Economy: A Report on the Swedish Government Office's Work on a New Concept*, Regeringkansliet (Gov. Offices of Sweden)

OECD (2001), *Education Policy Analysis 2001*, OECD（御園生純・稲川英嗣監訳（二〇〇二）『世界の教育改革――OECD教育政策分析』明石書店）

Pestoff, Victor A.(1998), *Beyond the Market and State: Social Enterprises and Civil Democracy in a Welfare Society*, Ashgate Publishing(ビクター・A・ペストフ、藤田暁男・川口清史・石塚秀雄・北島健一・的場信樹訳(二〇〇〇)『福祉社会と市民民主主義――協同組合と社会的企業の役割』日本経済評論社)

Polanyi, Karl(1944), *The Great Transformation: The Political and Economic Origins of Our Time*, Beacon Press(カール・ポラニー、吉沢英成・野口建彦・長尾史郎・杉村芳美訳(一九七五)『大転換――市場社会の形成と崩壊』東洋経済新報社(二〇〇九年[新訳]野口建彦・栖原学訳」)

Putnam, Robert D.(1993), *Making Democracy Work: Civic Traditions in Modern Italy*, Princeton University Press(ロバート・D・パットナム、河田潤一訳(二〇〇一)『哲学する民主主義――伝統と改革の市民的構造』NTT出版)

Smith, Adam(1776), *An Inquiry into the Nature and Causes of the Wealth of Nations*, Clarendon Press(アダム・スミス、水田洋監訳・杉山忠平訳(二〇〇〇―二〇〇一)『国富論(1)〜(4)』岩波書店)

Statistics Sweden(2002), *Sweden 2000: A Knowledge Society*

あとがき

教育という言葉が響くと、機械油の臭いが押し寄せてくるような錯覚に陥ってしまう。私が馴れ親しんだ「教育の現場」とは、機械油に塗(まみ)れた工場だからである。大学を卒業してから六年間、私は「教育の現場」に身を置くことになる。とはいっても、私が身を置いていた「教育の現場」とは、学校教育の現場ではなく、企業教育の現場である。

就職した自動車会社で私は、組立工からセールスマンにいたるまで、様々な職務を経験したけれども、所属していた部署は一貫して人事部門であり、そこでの主要な職務は、技能工の教育にあった。技能工の教育ニーズを把握するため、私は技能工の寮で技能工とともに生活をした。私の「教育の現場」における教育実践は、単純だけれども過酷な労働の、苦しみや悲しみを分かち合うことから始まる。

こうした履歴効果から私は、教育を「働く」ということと切り離しては考えられない。というよりも、教育を「生きる」ということと結びつけてしか理解できない。そのため本書は、「働くこと」「育つこと」「学ぶこと」を考察しながら、「生きる」ということの意味を読み解こうとしている。

もちろん、私は財政学の研究者である。したがって、本書は教育への財政学からのアプローチである。

いうまでもなく教育は、財政と深く結びついている。しかし、教育を財政学からアプローチすると、「教育の現場」を知らない素人が、教育問題に口出しをするなと非難される。もちろん、本書もそうした誇りを浴びるに違いない。

しかし、いったい「教育の現場」とは、どこなのだろうか。工場は「教育の現場」ではないのだろうか。家庭は「教育の現場」ではないのだろうか。

本書では財政学的アプローチから、「教育の現場」は社会のあらゆる活動場面に散在していると考えている。つまり、すべての社会の構成員が「教育の現場」に身を置き、教育実践に携わっていると想定している。

教育原理も私は、企業教育から学んでいる。企業教育から学ぶ教育原理は、私にとって心揺さぶられる驚きであった。それまで私が受けてきた学校教育が刻印した教育のイメージを、一変させてしまったからである。

企業教育では人間は誰でも学びたいと思い、誰でも働きたいと思っているという人間観が前提になっていた。それは学校教育からは実感することのできなかった人間観であった。こうした後期人間関係論が花開いた頃の企業教育に抱かれて、私は教育原理を吸収していくことになる。

とはいえ、私は「教育学」を学んだ経験はない。「教育学」の素養のない私に、滋味豊かな「教育学」への道案内を引き受けて下さったのは、佐藤学教授(東京大学)と広田照幸教授(日本大学)である。もっとも、私は出来のよい「学びの徒」とはいえない。しかし、本書は二人の師の教えを生かそうとした試みでもある。

佐藤学教授は「学びは、人が生きていく上でもっとも根源的ないとなみである」と指摘しつつ、「二一世紀は学びの時代である。学ぶことと生きることと闘うことが同義となる時代が到来していると言ってよい」と唱えている。こうした佐藤学教授の言葉は、本書の導き糸となっている。

とはいっても、あくまでも本書は財政学を分析の視座に据えている。しかし、「畳の上の水練」という愚挙に陥らないようにするために、財政学という分析視角とともにスウェーデンの教育を比較の視座に置いている。それはスウェーデンが「学びの時代」を見事に実現しているからである。

優しさと悲しみを分かち合いながら、肌を寄せ合うように正直に生きているスウェーデン国民が育んできたスウェーデンの教育を、生命の息吹を吹き込むように伝えてくれたのは、訓覇法子教授(日本福祉大学)である。訓覇法子教授がスウェーデンで突然の如くに声を掛けてくれなければ、私はスウェーデンにも教育にも目を閉じたままであっただろう。それに加えて、遠山真学塾の小笠毅氏の熱き励まし無くしては、私のスウェーデンの教育への理解は深まることはなかったに違いない。

スウェーデンの「教育の現場」の案内人は、スティアー純子氏である。スティアー純子氏に導かれて私は、学習サークル、国民高等学校、国民大学、基礎学校、就学前学校、オープン・スクールなどと、スウェーデンの教育の森を徜徉することができた。しかも、スティアー純子氏はスウェーデンの「教育の現場」を案内しながら、「生きる」ということの案内人まで引き受けてくれたのである。

もっとも、私は日本の学校教育の「現場」については不案内かも知れない。それでも私の同級生である榎本豊氏の好意で、幾度か小学校の教室に立ち、子供達の外連味のない、鋭い質問に立往生をした経験がある。というよりも、私が長年勤務してきた大学こそ、日本の学校教育の「現場」にほかならない。

私は大学に勤務していたという幸運から、日本の教育行政について学ぶ機会にも恵まれた。教育行政の「現場」へと私を導いてくれた案内人として、文部科学省の磯田文雄高等教育局私学部長、合田隆史総括審議官、杉浦久弘スポーツ・青少年局企画・体育課企画官の名を挙げさせていただきたい。この三名の教育行政への情熱を眺めれば、日本の教育行政にも希望の灯を見出すことができる。

本書をしたためる経緯を紹介しながら、道案内をいただいた方々の名を挙げさせていただいた。道案内をいただいた方々には、心より謝意を表したい。

私は加藤三郎東京大学名誉教授の手ほどきで財政学を学び始め、林健久東京大学名誉教授、それに今は亡き佐藤進東京大学元教授、加藤榮一東京大学名誉教授によって財政学の研究に励むことができた。もちろん、その学恩なくして、本書をまとめることはできなかった。それとともに、教育問題へのアプローチは、宇沢弘文東京大学名誉教授のお導きなしには実現できなかった試みである。

敢えて名を挙げることを控えさせていただいたけれども、私とともに財政学を研究する同僚にも謝意を表したい。特に私をいつも気にかけてくれる金子勝教授(慶應義塾大学)にはただ手を合わせるばかりである。

眼の不自由な私には、二人の若き研究者の協力無しには、本書をまとめることができなかった。文字通り私の眼となって、資料の収集に尽力してくれた東京大学大学院経済学研究科院生である伊集守直君と水上啓吾君には感謝の言葉もない。

本書をまとめるにあたって、岩波書店に夥大な迷惑をかけてしまった。本書が私にとって新しい試みであったという以外に、東京大学大学院経済学研究科長・経済学部長の任にあたっていたことと、私の健康上の理由が迷惑の元凶である。それにもかかわらず本書をまとめることに献身いただいた岩波書店の高村幸治氏には、心より感謝の言葉を述べさせていただきたい。

最後に私の家族に謝意を捧げたい。私の父廉平と母君枝はただ子供を育てるために生き、年を重ねている。寒き日も暑き日も、通勤時には私の鞄を持ち、駅まで見送ってくれる妻和子も、私のために生き、年を重ねている。香織、昌美の二人の娘も、私の生を支えてくれている。私に孫が誕生した。孫子(孫武)は子供の誕生とともに世を捨てている。私も孫の誕生とともに、そろそろ世を捨てなければならないと覚悟して、本書を世に送り出すことにした。

雨が降る秋の日に

神野直彦

岩波現代文庫版あとがき

「生きるということ」は私にとって、自己の未熟さを思い知らされる過程であった。私は東京大学、大阪市立大学、関西学院大学で、「教える者」として教鞭を執ってきたものの、余りにも未熟だった私は、「教えられる者」であるはずの教え子たちから教えられるばかりであった。

そのため私には学ぶということは、「学び合う共同体」を形成することだという確信が生まれてきた。つまり、学ぶということは、「教える者」と「教えられる者」が立場を越えて、学び合う仲間の絆を創り出していく営みにほかならないと考えるようになったのである。

私は大学という研究・教育の「場」だけではなく、企業教育という教育の「場」をも体験している。その企業教育の「場」でも、同じ教訓を学んでいたことを想い起こした。企業教育の「場」でも、学ぶということは「学び合う共同体」を形成することだったからである。

「学び合う共同体」の体験から私は、学校教育であろうと、企業教育であろうと、はたまた家庭教育であろうと、社会教育であろうと、教育とは、人間が人間を愛する能力を身につけていく営みではないか、と考えるようになる。学問を学ぶということも、学問を学び合うことで、人間を愛する能力を身につけていくことにほかならないと思えてくる。というのも、学問とは、「人間とは何か」という人間の存在を探究する営為だからである。

ところが、経済学は、「人間とは何か」という学問の根源的な問いに応答しようとはしていない。それゆえに経済学自体が学問として危機に陥ってしまっている。そう認識した私は、危機にある経済学を財政学の立場からどうにか再生できないかと苦悩していたのである。

そうした矢先に私は、岩波書店の編集者である高村幸治氏から、『シリーズ現代経済の課題』全一二巻の編纂の相談を受けることになった。私はこの全一二巻を、「人間とは何か」という問いに応答するシリーズとしてまとめたいと考えた。ところが、各巻のテーマと執筆者を決めていくと、どうしても設けたかった教育の巻を担当する執筆者が決まらないのである。

もっとも、巷(ちまた)には教育の経済学と称する書物は溢れていた。というのも、新自由主義にもとづく教育改革が強力に推進されていたからである。

ところが、歴史の女神は未熟な私に、学問の自由と大学の自治を守るための歴史的な使命を背負わせてきたのである。それは国立大学の独立行政法人化が、教育改革の焦点として進められたからである。そうした改革の最中で、今回「解説」を執筆して下さった佐藤学先生は東京大学大学院教育学研究科科長と教育学部学部長を、私は東京大学大学院経済学研究科科長と経済学部学部長を務めていたのである。

佐藤学先生は学ぶことは、生きることであり、闘うことであると述べられている。私たち二人はこの国立大学改革と闘うために、「学問とは何か、大学とは何か」ということを探究する「学び合う共同体」を形成することになった。愛は人間の心に温かい炎を次々に灯していくように、「学び合う共同体」も次々に広がっていく。私は機会あるごとに、佐藤学先生の「学び合う共同体」に参加させていただくことにした。そのため私は、本書単行本の岩波現代文庫化にあたって、日本はおろか今や世界の教育学をリードする佐藤学先生から「解説」をいただくという幸せを享受することができたのである。

過分な言葉で彩られた「解説」を読ませていただくと、「学び合う共同体」で学んだ佐藤学先生の「学びは、人が生きていく上でもっとも根源的いとなみ」であり、「学ぶことと生きることと闘うことが同義となる時代が到来している」という教えの情熱が、私の心の中にも息づいていると感じることができる。

しかし、私の歴史的責任は重い。というのは、私は当時の佐々木毅東京大学総長から、国立大学協会における国立大学の独立行政法人化の財政問題に関する責任者を命じられていたからである。歴史の責任において、無力だったことは弁明にはならない。東京大学経済学部の先達たちは、学問の自由と大学の自治を守るために生命を賭していたことを思えば、私が歴史的責任を果せなかった罪は重く、万死に値するといわなければならない。

学問の自由と大学の自治を守るために苦悩していた私に、シリーズの教育の巻を執筆することを編集者である高村幸治氏が勧めた。そこで私は門外漢ではあるけれども、財政の巻ではなく、教育の巻を執筆することにしたのである。

本書単行本の岩波現代文庫化は、岩波書店の中西沢子氏との雑談から、瓢箪から駒が出るようにして実現した。本書単行本の「あとがき」を読み直すと、岩波書店に夥大な迷惑をかけたという謝りの言葉が述懐されている。その夥大な迷惑は私が視覚障碍者だという健康上の理由が根源的な原因となっている。しかし、その健康上の理由は時が一昔から二昔にも及べば、ますます巨大となる。私は視覚に加え、腎臓が急速に悪化し、満身創痍の状態となってしまっているからである。それにもかかわらず現代文庫版をまとめることができたのは、ことごとく中西沢子氏のご尽力の賜である。心よりの感謝を捧げさせていただきたい。

なお、本書単行本の執筆にあたってご指導いただいた先生方の肩書きには、執筆当時のものを使用させていただいていることを付記しておきたい。

眼が不自由であるばかりか、満身創痍の私が、この岩波現代文庫版を刊行できたのは、私の人生を献身的に支えてくれている乾桃子さんのお陰である。ただただ手を合わせるばかりである。

本書単行本の「あとがき」をみると、父と母への想いを述べている。その父は一〇三歳で二年前に亡くなり、母は九八歳で危篤状態にある。時移り事去ると実感する。

妻は「寒き日も暑き日も、通勤時には私の鞄を持ち、駅まで見送ってくれる」と、単行本版刊行時の「あとがき」に記したけれども、その妻も寄る年波で足に水が溜り、歩行すら思うにまかせなくなっている。それでも懸命に私の世話をしようと苦闘している。

私のように眼の不自由な人間が、足の不自由な妻を背負えば、二人で共に前へ進むことができるはずだ。そう自分に言い聞かせながら、暗き冬にもやがて春が巡りくることを信じて、本書の岩波現代文庫版を世に問うことにした。

二〇二三年　太陽の再生する日に

神野直彦

解　説

佐藤　学

1　本書のインパクト

私たちが生きている二一世紀は学びの世紀である。学びは文化を伝承し再創造する人間の根源的いとなみであるが、「学ぶこと」と「生きること」と「闘うこと」が同義となる時代が到来している。「学び」という言葉は一九九二年、当時東京大学の同僚であった佐伯胖(ゆたか)さんと私が意を決して使い始めた言葉である。「学び」は明治初期に用法が確認できるものの、明治中期以降は「勉強」あるいは「学習」という言葉に置き換わり死語となっていた。「学び」という言葉を蘇らせたのは、learningという動名詞の語感を「学び」が表現しうるからであり、二一世紀が学びの世紀になることを予見したからである。「学び」という言葉のその後の爆発的普及は、私と佐伯さんの予見の正しさを証明している。その前提を共有する本書は、学びの世紀において「学びの社会」の建設が「教育再生」の根本条件であることを深い考察のもとに論じている。

本書の論述は明快である。教育の危機は、産業主義の社会(工業社会)からポスト産業主義の社会（知識社会）への歴史的転換における全般的危機の一つであり、新自由主義がその転換を阻んでいるため、子どもたちは競争主義の下で脅迫と不安に苦しみ、学校教育も生涯学習も有効に機能しなくなった結果とされる。そのうえで本書は、教育の根本目的を「社会の構成員を育成すること」に求め、「競争主義」の教育から「協力主義」の教育へ、子どもを鋳型にあてはめる「盆栽型」教育から自由に可能性を開花させる「栽培型」教育への転換を行って、「誰でも、いつでも、どこでも、ただで」教育を享受できる「学びの社会」を建設することを提唱している。

本書は現実分析と未来展望において啓発に充ちている。「教育再生の条件」の「経済学的考察」と銘打たれた本書は、どの教育書よりも「教育危機」の構造を根源的に開示し、「再生の条件」を浩瀚な論述でまとめ上げている。

通常、「教育」と「経済」は相性が悪い。教育関係者は教育をできる限り経済から遠ざけようとし、経済関係者の多くは教育を経済の手段としてしか認識していない。本書は、経済学と教育学の壁を越境して教育危機の深層に迫っている。人間のための経済学を希求し、財政学を専門としてきた神野直彦さん（東京大学名誉教授）だからこそ達成した偉業である。

本書の出版は二〇〇七年であるが、一七年の歳月を経て読み直しても決して色あせていない。むしろ、いっそう輝きを増している。なぜ、本書の意義が高まっているのか。

この解説ではその謎に迫りたい。

本書を最初に読んだ時の二つの衝撃を記しておこう。一つは、本書が示す教育危機の構図と背景の認識が、私と驚くほど一致していたことである。国立大学が独立行政法人に移行する厳しい時期、神野さんは東京大学大学院経済学研究科長・経済学部長、私は同大学院教育学研究科長・教育学部長の職にあり、大学経営の多くの会議で苦難を共にした間柄である。神野さんは学問の良識においても誠実なお人柄においても、誰よりも信頼し尊敬できる方であった。その私にとっても、本書が私の考察と一致していることは驚きだった。

本書を読み進め、経済学と教育学の基礎を神野さんと私が共有してきたことに驚いた。素人ながらも私が経済と社会について依拠してきた書籍は、慧眼あふれる資本主義分析とイノベーション理論を示したヨーゼフ・シュムペーター、市場を「悪魔の碾き臼」と表現したカール・ポラニーの経済人類学、「互酬」と「再分配」と「交換」の三つで社会を解明したマルセル・モースの人類学的社会学であり、近年の研究では「社会資本（人の絆と共同体）」の意義を喝破したロバート・パットナムの著書などである。これらの学問を共有する二人が、教育の危機と再生の考察において一致するところが多いのは当然だろう。

危機の根源としての新自由主義に対する批判も共通している。新自由主義の教育理論の根底にはゲーリー・ベッカーの「人的資本(human capital)」論がある。ベッカーの経済学は「費用便益分析(cost-benefit analysis)」で教育すべてを基礎づけるだけでなく、宇沢弘文氏が指摘したように、子どもを市場の商品にする「人身売買の経済学」でもある。

さらに共通していることとして神野さんはスウェーデンの教育、私はフィンランドの教育に学んできたことがある。スウェーデンとフィンランドは旧福祉国家を代表する二つの国であり、新しい社会民主主義を求め、経済、教育、社会保障を模索してきた国である。

本書のもう一つの衝撃は、神野さんの教育学に関する高い見識である。本書ほど現代の教育の危機と再生の条件を包括的かつ理論的に解明した本はない。本書の教育学の卓越性は全章にゆきわたっているが、特に第三章「学校教育の展開」は、各国の公教育としての学校教育と自己教育運動としての社会教育の展開の比較史として啓発に充ちており、教育学を学ぶすべての学生と院生に推奨したいと思う。

2 教育危機の構造――経済と教育

本書は、教育の危機と再生を産業主義社会(工業社会)からポスト産業主義社会(知識社会)への歴史的転換点において考察している。その転換点はベルリンの壁の崩壊による国家独占資本主義からグローバル資本主義への移行にある。近代の公教育は本書も指摘しているように国民国家の統合と産業主義社会の発展を目的として制度化されてきた。しかし世界システムの転換により、国民国家はグローバル世界へと変容し、産業主義社会はポスト産業主義社会へと移行した。

「あとがき」で神野さんは彼の「教育現場」が「機械油に塗れた工場」であったと記している。産業主義が世界展開をとげた一九一〇年代以降、学校も「工場化」されたことを指摘しておきたい。テイラーの『科学的経営の原理』出版(一九一一年)の翌年、シカゴ大学で「教育の科学的研究」を確立したフランクリン・ボビットは、テイラーの原理をそのまま学校に適用し、子どもは「原料」、大人は「製品」、学校は「工場」、教師は「職工」、校長は「工場長」、教育長は「社長」にすることが、教育の「生産性」と「効率性」を高める最良の道と記している。「教育目標」という言葉も「生産目標」という言葉を翻案したボビットの造語であった。「教育目標」に沿ってアセンブリライン(ベルトコンベア)のカリキュラムと授業が組織され、「品質管理(quality control)」として「テスト」で評価が行われる。この「目標‐達成‐評価」で構成される学校教育の支配的システムは、学校が「工場化」された結果である(拙著『米国カリキュラム改造史研究――単元学習の創造』東京大学出版会、一九九〇年)。

「工場」モデルの学校教育が破綻したのが三十余年前のベルリンの壁の崩壊であり、産業主義社会からポスト産業主義社会への移行であった。日本の経済と社会と教育の危機の根本は、この歴史的転換に対応できず、政治と経済と教育と社会のイノベーションを怠ったことに起因している。その結果生じた教育危機の諸相を、本書は「経済学的考察」によって鮮やかに描き出している。

本書の指摘をいくつかの具体例で敷衍しておこう。二〇二一年に世界一収益を上げた自動車会社はテスラである。その後テスラの収益はやや停滞するが、絶好調時の二〇二一年のテスラの収益はトヨタ、フォルクスワーゲン、ホンダ、フォード、GMなど他の五社の収益合計を上回る断然トップである。しかしテスラの販売台数は他の五社の五〇分の一でしかない。現代の自動車産業の収益は自動車本体の売り上げではなく、技術と知識と情報によって生み出されている。市場の中心はモノの生産と消費ではなく、知識と情報と専門サービスに移行しているのである。

労働市場も激変した。労働市場における労働の高度化は著しい。二〇一〇年から二〇二〇年のアメリカの労働市場の新規雇用を調べてみると、高卒者は皆無に近く、九八%以上が大卒または大学院卒である。労働市場の変化により、大学と大学院は生涯学習の機関へと変化し、学校教育は生涯学習のための基礎教育へと変化した。本書の提言「誰でも、いつでも、どこでも、ただで」の学びを実現することは喫緊の課題である。

単純労働者の効率的育成システムであった「工場」モデル（教師中心の一斉授業）の学校は世界各国で終焉を迎え、学校は知識社会への参加と生涯学習の基礎を準備する「学習者中心の探究と協同の学びの共同体」へと転換した。日本の社会と学校がこの歴史的転換に失敗し、世界から大きく立ち遅れてきたことは明瞭だろう。

ポスト産業主義社会の様相をもう一つの事例で示そう。本書でも言及されているロバート・パットナムは、「社会資本」が経済に有効に機能している事例として北イタリアとフィンランドをあげている。約一〇年前この指摘に興味をもち、北イタリアを訪問した際にエミリア・ロマーニャ州商工会議所を尋ねてみた。驚いたことに北イタリアでは世帯数より企業数が多いという。多くの人々は会社に勤めつつ自宅と地域で自分たちの会社を起業しているのである。知識社会は新しい労働のかたち、新しい経済のかたち、新しい家庭のかたち、新しい地域のかたちを創り出している。

3　学びの社会へ

教育再生の条件は「学びの社会」の建設にあると、本書は示している。「学び」中心の社会、企業、学校の構成が人々の幸福を実現する基礎を準備するのである。

本書が出版された後の世界の変化は著しい。二〇一六年、世界経済フォーラムは第四次産業革命の開始を告げ、二〇二〇年の報告(The Future of Jobs Report 2020)は二〇二五年までに世界の労働の四七%が人工知能とロボットに置き換わると予測している。この報告は労働者が三年間で「一〇一日以上」学びに専念しなければならないと伝えている。

その一方で二〇二〇年から三年余り新型コロナ・パンデミックが世界を席巻し、二〇二二年にはロシアのウクライナ侵攻、その翌年にはパレスチナ自治区ガザ地区の戦争が勃発、世界経済は停滞して混乱し、平和と民主主義が脅かされ、日本の社会と経済は世界の激変に翻弄され続けている。その激動の中で本書はますます重要性を高めてきたと言ってよい。

スウェーデンの社会と教育も本書の出版後、変化している。スウェーデンの移民と難民は人口の二割に達して財政負担が増大し、社会と政治は混迷状態を迎え、公教育にも新自由主義が浸透しつつある。しかし、本書が示した学校教育と生涯学習の基本理念が揺らいでいるわけではない。

ひるがえって、日本の政治、経済、社会、教育の凋落と混乱と混迷は深まる一方である。本書で示された教育再生の提言とは真逆の方向ですべてが展開していると言っても過言ではない。高等教育と就学前教育の劣化は目を覆うばかりである。初等教育と中等養育はかろうじて学力水準を維持しているものの、授業と学びの様式は旧態依然であり、競争主義から協力主義への転換も、子どもを鋳型にはめ込む「盆栽型」教育からの脱却も、教師の専門家としての向上も実現できないまま、子どもたちの幸福度は世界最低レベルを徘徊している。さらに公教育費のGDP比(二・七%)はアフリカサハラ砂漠以南の発展途上国(三・二%)以下(世界一三四位:二〇二一年〔OECD, Education at a Glance〕)であり、財源の枯渇が子どもたちと教師たちと親たちを苦境に追いやっている。

教育の未来は「先行き不透明な時代」という常套句で語られている。しかし「先行き不透明」にしか見えないのは、曇った眼鏡で現実と未来を見ているからではないだろうか。曇った眼鏡をはずし現実と未来を直視しない限り、現在の教育の危機も教育再生の条件も見えてこない。本書は現実と未来を直視するバイブルとして読まれるべき好著である。

私は、未来の社会を sharing, caring and learning community として構想している。資源と資産を共有し合う社会、一人残らず支え合いケアし合う社会、未来の創出のために学び合う社会である。本書が提示する未来社会もこの展望と合致している。

4　教育再生の展望

本書が示す「教育再生」の道筋をグローバルな視野からも位置づけておきたい。本書は日本の教育危機の分析であり、日本の教育の再生の条件を論じているが、本書で開示されている教育改革の展望は、世界においても国際的合意を形成しつつある。それを端的に示しているのが、ユネスコ(国連教育科学文化機関)の『私たちの未来を共に再想像する——教育のための新たな社会契約』(*Reimagining Our Futures Together: A New Social Contract for Education*)と題された報告(二〇二一年)である。

この二〇二一年報告はユネスコが世界の教育改革の基本理念を提示した「学び」シリーズ、一九七二年の *Learning to Be: The World of Education Today and Tomorrow*(邦訳『未来の学習』)、一九九六年の *Learning: The Treasure Within*(邦訳『学習——秘められた宝』)にひき続く第三提言である。一九七二年報告は、個人の潜在的可能性の自己実現としての「学び」を提起し、一九九六年報告は学びの目的を「知るために学ぶ(leaning to know)」「行動するために学ぶ(learning to do)」「共に生きるために学ぶ(learning to live together)」「人として存在するために学ぶ(learning to be)」と規定したことで知られている。

それらを継承しつつ二〇二一年報告は、現在の人類の危機の根本が「人間性(humanity)の危機」と「地球(planet)の危機」の二つとその絡み合いにあり、この二つの危機に立ち向かう学びの在り方を示している。「地球の危機」について改めて説明する必要はないだろうが、報告の「人間性の危機」には人(子ども)の尊厳の危機、人権の危機、教養の危機、格差の危機が含まれている。

副題の「新しい社会契約」という概念は画期的である。トーマス・ホッブズやジャン＝ジャック・ルソーによって提唱された「社会契約」は近代市民社会を成立させたが、未来のためには「新しい社会契約」にもとづく教育が必要であるという。教育による新たな市民社会の創造であり、新たな世界の創造である。「新しい社会契約」の具体化として、提言は、「協力と協同と連帯の教育学」「共有(公共)財としてのカリキュラムと知識」「教師たちの変容的な仕事」「安全に守られた変容する学校」「多様な時間と空間にまたがる教育」を提唱している。教育と知識を「共有(公共)財(common goods)」と明確に定義し、個人を単位として成立した近代の教育学を「協力と協同と連帯の教育学」へと再構築し、「新しい社会契約」による新しい社会と新しい世界を創造することを教育再生の道として提示しているのである。この未来提言は、それより一五年も前に神野さんが本書で描き出した教育再生の構想と合致している。

本書の魅力はこれに尽きない。本書は希望の書でもある。危機(crisis)の語源はギリシャ語「分断(κρίσις)」であり、古代ギリシャ語 krisis は「転換点(好転も含む)」を意味していた。漢字の「危機」も「危」と「機(チャンス)」の意味を併せ持っている。リスクの語源のラテン語 riscare は「危機に立ち向かう」という意味であった。現実は絶望的だが、その現実に潜む未来の可能性を無視してはならない。

学びは新しい世界との出会いと対話であり、新しい他者との出会いと対話であり、新しい自己との出会いと対話である。学びは「世界づくり」「仲間づくり」「自分づくり」が一体となった実践である。学びは、それが私的に秘匿されているときはどうしようもなく無力であるが、いったん開かれた対話として実践され公的活動として遂行されると最大の力を発揮する。他方、市場はかつて「市庭」と表記され「庭」は人々が交わり集う公共空間を意味していた。現在の市場は人々を孤立させ競争に追い込んでいるが、「学びの社会」が実現すれば、市場が「市庭」として恢復することも可能だろう。本書が指摘する通り、「知識社会」は人々が自由に幸福を追求する新しい社会を創造する可能性を生み出している。本書は教育と社会の再生の進路を指し示す海図であり羅針盤である。本書が「岩波現代文庫」の一冊として復刊され、多くの読者の方々に読み継がれることは、教育に携わる者にとって何よりもの歓びであり希望である。その歓びと希望を読者の方々と共有したい。

（さとう・まなぶ　教育学者）

本書は二〇〇七年一〇月、〈シリーズ 現代経済の課題〉の一冊として岩波書店より刊行された。岩波現代文庫への収録に際し、一章を加え、増補版として刊行した。

増補 教育再生の条件 経済学的考察

2024年4月12日　第1刷発行

著　者　神野直彦（じんの なおひこ）

発行者　坂本政謙

発行所　株式会社 岩波書店
〒101-8002 東京都千代田区一ツ橋 2-5-5
案内 03-5210-4000　営業部 03-5210-4111
https://www.iwanami.co.jp/

印刷・精興社　製本・中永製本

ISBN 978-4-00-603346-0　Printed in Japan

岩波現代文庫創刊二〇年に際して

二一世紀が始まってからすでに二〇年が経とうとしています。この間のグローバル化の急激な進行は世界のあり方を大きく変えました。世界規模で経済や情報の結びつきが強まるとともに、国境を越えた人の移動は日常の光景となり、今やどこに住んでいても、私たちの暮らしは世界中の様々な出来事と無関係ではいられません。しかし、グローバル化の中で否応なくもたらされる「他者」との出会いや交流は、新たな文化や価値観だけではなく、摩擦や衝突、そしてしばしば憎悪までをも生み出しています。グローバル化にともなう副作用は、その恩恵を遥かにこえていると言わざるを得ません。

今私たちに求められているのは、国内、国外にかかわらず、異なる歴史や経験、文化を持つ「他者」と向き合い、よりよい関係を結び直してゆくための想像力、構想力ではないでしょうか。

新世紀の到来を目前にした二〇〇〇年一月に創刊された岩波現代文庫は、この二〇年を通して、哲学や歴史、経済、自然科学から、小説やエッセイ、ルポルタージュにいたるまで幅広いジャンルの書目を刊行してきました。一〇〇〇点を超える書目には、人類が直面してきた様々な課題と、試行錯誤の営みが刻まれています。読書を通した過去の「他者」との出会いから得られる知識や経験は、私たちがよりよい社会を作り上げてゆくために大きな示唆を与えてくれるはずです。

一冊の本が世界を変える大きな力を持つことを信じ、岩波現代文庫はこれからもさらなるラインナップの充実をめざしてゆきます。

（二〇二〇年一月）

岩波現代文庫［社会］

S307
大逆事件
―死と生の群像―
田中伸尚

天皇制国家が生み出した最大の思想弾圧「大逆事件」。巻き込まれた人々の死と生を描き出し、近代史の暗部を現代に照らし出す。〈解説〉田中優子

S308
「どんぐりの家」のデッサン
漫画で障害者を描く
山本おさむ

かつて障害者を漫画で描くことはタブーだった。漫画家としての著者の経験から考えてきた、障害者を取り巻く状況を、創作過程の試行錯誤を交え、率直に語る。

S309
鎖塚
―自由民権と囚人労働の記録―
小池喜孝

北海道開拓のため無残な死を強いられた囚人たちの墓、鎖塚。犠牲者は誰か。なぜその地で死んだのか。日本近代の暗部をあばく迫力のドキュメント。〈解説〉色川大吉

S310
聞き書 野中広務回顧録
御厨貴
牧原出 編

二〇一八年一月に亡くなった、平成の政治をリードした野中広務氏が残したメッセージ。五五年体制が崩れていくときに自民党の中で野中氏が見ていたものは。〈解説〉中島岳志

S311
不敗のドキュメンタリー
―水俣を撮りつづけて―
土本典昭

『水俣―患者さんとその世界―』『医学としての水俣病』『不知火海』などの名作映画の作り手の思想と仕事が、精選した文章群から甦る。〈解説〉栗原 彬

2024. 4

S312
増補 隔離 ―故郷を追われたハンセン病者たち―
徳永 進

らい予防法が廃止され、国の法的責任が明らかになった後も、ハンセン病隔離政策が終わり解決したわけではなかった。回復者たちの現在の声をも伝える増補版。〈解説〉宮坂道夫

S313
沖縄の歩み
国場幸太郎
新川 明
鹿野政直編

米軍占領下の沖縄で抵抗運動に献身した著者が、復帰直後に若い世代に向けてやさしく説き明かした沖縄通史。幻の名著がいま蘇る。〈解説〉新川 明・鹿野政直

S314
ぼくたちはこうして学者になった ―脳・チンパンジー・人間―
松本 元
松沢哲郎

「人間とは何か」を知ろうと、それぞれ新たな学問を切り拓いてきた二人は、どのような生い立ちや出会いを経て、何を学んだのか。

S315
ニクソンのアメリカ ―アメリカ第一主義の起源―
松尾文夫

白人中産層に徹底的に迎合する内政と、中国との和解を果たした外交。ニクソンのしたたかな論理に迫った名著を再編集した決定版。〈解説〉西山隆行

S316
負ける建築
隈 研吾

コンクリートから木造へ。「勝つ建築」から「負ける建築」へ。新国立競技場の設計に携わった著者の、独自の建築哲学が窺える論集。

2024. 4

S317
全盲の弁護士　竹下義樹
小林照幸

視覚障害をものともせず、九度の挑戦を経て弁護士の夢をつかんだ男、竹下義樹。読む人の心を揺さぶる傑作ノンフィクション！

S318
一粒の柿の種
―科学と文化を語る―
渡辺政隆

身の回りを科学の目で見れば…。その何と楽しいことか！　文学や漫画を科学の目で楽しむコツを披露。科学教育や疑似科学にも一言。〈解説〉最相葉月

S319
聞き書 緒方貞子回顧録
野林健
納家政嗣 編

「人の命を助けること」、これに尽きます――。国連難民高等弁務官をつとめ、「人間の安全保障」を提起した緒方貞子。人生とともに、世界と日本を語る。〈解説〉中満泉

S320
「無罪」を見抜く
―裁判官・木谷明の生き方―
木谷明
山田隆司
嘉多山宗 聞き手・編

有罪率が高い日本の刑事裁判において、在職中いくつもの無罪判決を出し、その全てが確定した裁判官は、いかにして無罪を見抜いたのか。〈解説〉門野博

S321
聖路加病院　生と死の現場
早瀬圭一

医療と看護の原点を描いた『聖路加病院で働くということ』に、緩和ケア病棟での出会いと別れの新章を増補。〈解説〉山根基世

2024. 4

岩波現代文庫[社会]

S322
菌世界紀行
―誰も知らないきのこを追って―
星野保

大の男が這いつくばって、世界中の寒冷地にきのこを探す。雪の下でしたたかに生きる菌たちの生態とともに綴る、とっておきの〈菌道中〉。〈解説〉渡邊十絲子

S323-324
キッシンジャー回想録 中国(上・下)
ヘンリー・A・キッシンジャー
塚越敏彦ほか訳

世界中に衝撃を与えた米中和解の立役者であるキッシンジャー。国際政治の現実と中国の論理を誰よりも知り尽くした彼が綴った、決定的「中国論」。〈解説〉松尾文夫

S325
井上ひさしの憲法指南
井上ひさし

「日本国憲法は最高の傑作」と語る井上ひさし。憲法の基本を分かりやすく説いたエッセイ、講演録を収めました。〈解説〉小森陽一

S326
増補版 日本レスリングの物語
柳澤健

草創期から現在まで、無数のドラマを描ききる日本レスリングの「正史」にしてエンターテインメント。〈解説〉夢枕獏

S327
抵抗の新聞人 桐生悠々
井出孫六

日米開戦前夜まで、反戦と不正追及の姿勢を貫きジャーナリズム史上に屹立する桐生悠々。その烈々たる生涯。巻末には五男による〈親子関係〉の回想文を収録。〈解説〉青木理

2024.4

S328
人は愛するに足り、真心は信ずるに足る
—アフガンとの約束—
中村 哲
澤地久枝(聞き手)

戦乱と劣悪な自然環境に苦しむアフガンで、人々の命を救うべく身命を賭して活動を続けた故・中村哲医師が熱い思いを語った貴重な記録。

S329
負け組のメディア史
—天下無敵 野依秀市伝—
佐藤卓己

明治末期から戦後にかけて「言論界の暴れん坊」の異名をとった男、野依秀市。忘れられた桁外れの鬼才に着目したメディア史を描く。〈解説〉平山 昇

S330
ヨーロッパ・コーリング・リターンズ
—社会・政治時評クロニクル 2014-2021—
ブレイディみかこ

人か資本か。優先順位を間違えた政治は希望を奪い貧困と分断を拡大させる。地べたから英国を読み解き日本を照らす、最新時評集。

S331
増補版 悪役レスラーは笑う
—「卑劣なジャップ」グレート東郷—
森 達也

第二次大戦後の米国プロレス界で「卑劣な日本人」を演じ、巨万の富を築いた伝説の悪役レスラーがいた。謎に満ちた男の素顔に迫る。

S332
戦争と罪責
野田正彰

旧兵士たちの内面を精神病理学者が丹念に聞き取る。罪の意識を抑圧する文化において豊かな感情を取り戻す道を探る。

2024.4

岩波現代文庫［社会］

S333
孤塁
―双葉郡消防士たちの3・11―
吉田千亜

原発が暴走するなか、住民救助や避難誘導、原発構内での活動にもあたった双葉消防本部の消防士たち。その苦闘を初めてすくいあげた迫力作。新たに「『孤塁』その後」を加筆。

S334
ウクライナ 通貨誕生
―独立の命運を賭けた闘い―
西谷公明

自国通貨創造の現場に身を置いた日本人エコノミストによるゼロからの国づくりの記録。二〇一四年、二〇二二年の追記を収録。〈解説〉佐藤 優

S335
「科学にすがるな！」
―宇宙と死をめぐる特別授業―
佐藤文隆
艸場よしみ

「死とは何かの答えを宇宙に求めるな」と科学論に基づいて答える科学者 vs. 死の意味を問い続ける女性。3・11をはさんだ激闘の記録。〈解説〉サンキュータツオ

S336
増補 空疎な小皇帝
「石原慎太郎」という問題
斎藤貴男

差別的な言動でポピュリズムや排外主義を煽りながら、東京都知事として君臨した石原慎太郎。現代に引き継がれる「負の遺産」を、いま改めて問う。新取材を加え大幅に増補。

S337
鳥肉以上、鳥学未満。
―Human Chicken Interface―
川上和人

ボンジリってお尻じゃないの？ 鳥の首はろくろ首!? トリビアもネタも満載。キッチンから始まる、とびっきりのサイエンス。〈解説〉枝元なほみ

S338-339
あしなが運動と玉井義臣（上・下）
——歴史社会学からの考察——
副田義也

日本有数のボランティア運動の軌跡を描き出し、そのリーダー、玉井義臣の活動の意義を歴史社会学的に考察。〈解説〉苅谷剛彦

S340
大地の動きをさぐる
杉村新

地球の大きな営みに迫ろうとする思考の道筋と、仲間とのつながりがからみあい、研究は深まり広がっていく。プレートテクトニクス成立前夜の金字塔的名著。〈解説〉斎藤靖二

S341
歌うカタツムリ
——進化とらせんの物語——
千葉聡

実はカタツムリは、進化研究の華だった。行きつ戻りつしながら前進する研究の営みと、カタツムリの進化を重ねた壮大な歴史絵巻。〈解説〉河田雅圭

S342
戦慄の記録 インパール
NHKスペシャル取材班

三万人もの死者を出した作戦は、どのように立案・遂行されたのか。牟田口司令官の肉声や兵士の証言から全貌に迫る。〈解説〉大木毅

S343
大災害の時代
——三大震災から考える——
五百旗頭真

阪神・淡路大震災、東日本大震災、熊本地震に被災者として関わり、東日本大震災の復興構想会議議長を務めた政治学者による報告書。〈緒言〉山崎正和

2024. 4

岩波現代文庫[社会]

S344-345
ショック・ドクトリン(上・下)
―惨事便乗型資本主義の正体を暴く―

ナオミ・クライン
幾島幸子
村上由見子 訳

戦争、自然災害、政変などの惨事につけこみ多くの国で断行された過激な経済改革の正体を鋭い筆致で暴き出す。〈解説〉中山智香子

S346
増補 教育再生の条件
経済学的考察

神野直彦

日本の教育の危機は、学校の危機だけではなく、社会全体の危機でもある。工業社会から知識社会への転換点にある今、真に必要な教育改革を実現する道を示す。〈解説〉佐藤 学